Para

com votos de paz.

CB010060

Divaldo Franco
Pelo Espírito Joanna de Ângelis

Psicologia da Gratidão

Série Psicológica Joanna de Ângelis
Vol. 16

Salvador
4. ed. – 2023

COPYRIGHT © (2011)
CENTRO ESPÍRITA CAMINHO DA REDENÇÃO
Rua Jayme Vieira Lima, 104
Pau da Lima, Salvador, BA.
CEP 412350-000
SITE: https://mansaodocaminho.com.br
EDIÇÃO: 4. ed. (9ª reimpressão) – 2023
TIRAGEM: 3.000 exemplares (milheiro: 59.000)
COORDENAÇÃO EDITORIAL
Lívia Maria C. Sousa

REVISÃO
Christiane Lourenço • Luciano Urpia
CAPA
Cláudio Urpia
MONTAGEM DE CAPA
Ailton Bosco
EDITORAÇÃO ELETRÔNICA
Christiane Lourenço
COEDIÇÃO E PUBLICAÇÃO
Instituto Beneficente Boa Nova

PRODUÇÃO GRÁFICA
LIVRARIA ESPÍRITA ALVORADA EDITORA – LEAL
E-mail: editora.leal@cecr.com.br
DISTRIBUIÇÃO
INSTITUTO BENEFICENTE BOA NOVA
Av. Porto Ferreira, 1031, Parque Iracema. CEP 15809-020 Catanduva-SP.
Contatos: (17) 3531-4444 | (17) 99777-7413 (WhatsApp)
E-mail: boanova@boanova.net
Vendas on-line: https://www.livrarialeal.com.br

Dados Internacionais de Catalogação na Publicação (CIP)
(Catalogação na fonte)
BIBLIOTECA JOANNA DE ÂNGELIS

F825	FRANCO, Divaldo Pereira. (1927) *Psicologia da gratidão*. 1. ed. / Pelo Espírito Joanna de Ângelis [psicografado por] Divaldo Pereira Franco. Salvador: LEAL, 2023 (Série Psicológica, volume 16). 240 p. ISBN: 978-85-61879-98-3 1. Espiritismo 2. Psicologia 3. Gratidão I. Franco, Divaldo II. Título
	CDD: 133.93

Bibliotecária responsável: Maria Suely de Castro Martins – CRB-5/509

DIREITOS RESERVADOS: todos os direitos de reprodução, cópia, comunicação ao público e exploração econômica desta obra estão reservados, única e exclusivamente, para o Centro Espírita Caminho da Redenção. Proibida a sua reprodução parcial ou total, por qualquer meio, sem expressa autorização, nos termos da Lei 9.610/98.
Impresso no Brasil | Presita en Brazilo

SUMÁRIO

Psicologia da gratidão	*7*
1 A bênção da gratidão	*13*
O significado da gratidão	18
A vida e a gratidão	22
A consciência da gratidão	27
2 O milagre da gratidão	*33*
A *sombra* perturbadora e a gratidão	38
O inconsciente coletivo e a gratidão	43
O ser maduro psicologicamente e a gratidão	49
3 Compromissos da gratidão	*57*
Gratidão na família	62
Gratidão na convivência social	67
Gratidão pela vida	72
4 A conquista da plenitude pela gratidão	*79*
Exercício da gratidão	83
Aplicativos gratulatórios	88
Rendendo-se à gratidão	93
5 A gratidão como roteiro de vida	*99*
O ser humano perante a sua consciência	103
A busca do *Self* coletivo mediante a gratidão	108
A gratidão e a plenitude	113

6 A gratidão como recurso para a aquisição da paz   *119*
  Heranças afligentes   123
  Conflitos existenciais e fugas psicológicas   128
  Autorrealização e paz   133

7 A gratidão: meta essencial da existência humana   *139*
  Ambições psicológicas e transtornos de conduta   143
  Sonhos de felicidade e significado existencial   148
  Sentimentos de mágoa e de desencanto   152

8 A gratidão como terapêutica eficaz   *159*
  A neurose coletiva   163
  A tradição e a perda do sentido existencial   168
  A gratidão como sentido motivador da existência   172

9 A psicologia da dignidade   *179*
  Aquisição da dignidade humana   184
  Heranças perturbadoras   188
  Dignidade e gratidão   192

10 Técnicas da gratidão   *199*
  Gratidão a curto e a longo prazo   204
  Gratidão como norma de conduta   208
  Gratidão e alegria de viver   212

11 Gratidão como caminho para a individuação   *219*
  Experiências visionárias   223
  Encontro com o *Self*   228
  Conquista da individuação e da gratidão   232

PSICOLOGIA DA GRATIDÃO

O s mitos sempre fizeram parte do inconsciente coletivo da sociedade pelos difíceis caminhos da História. Através deles, assim como dos contos de fadas e do folclore, foi possível apresentar explicações lógicas para as complexidades dos fenômenos da vida, tornando-os aceitáveis, porquanto a sua abrangência abarca todas as questões que dizem respeito ao ser humano.

Todos os ensinos dos grandes mestres do passado foram realizados de forma simbólica, inclusive os de Jesus, que se utilizou das parábolas para perpetuar as Suas lições na psique dos ouvintes, insculpindo-as com vigor nos vinte séculos transcorridos desde a sua estada conosco.

Psicoterapias admiráveis, embora com outras denominações, têm sido aplicadas em pacientes graves, narrando-lhes histórias e curando-os, qual acontece na atualidade com alguns especialistas que até se utilizam dos símbolos mitológicos, uns reais, outros extraídos do Velho como do Novo Testamento, para culminarem proporcionando a conquista da saúde.

A mitologia, desse modo, tornou-se a psicologia essencial que contribui para o despertamento do indivíduo, a fim de que se resolva por movimentar os recursos de que dispõe no seu inconsciente, em favor de si mesmo.

É sempre válido recorrer aos seus mistérios, com objetivos relevantes, trabalhando-os em favor da renovação interior das *pessoas, ou para revalidar conceitos e propostas que ainda não se firmaram no comportamento individual nem coletivo.*

Entre os mitólogos, ocorrem apresentações diferentes das mesmas narrações, certamente como resultado da maneira como as veem ou as interpretam.

O mito de Perseu, qual ocorre com o da caverna de Platão e muitos outros, tem sido objeto de interpretações variadas, adaptando-se a coragem desse herói ao objetivo psicológico do narrador.

Trazemo-lo em nossas páginas, numa síntese modesta, demonstrando a força dos valores morais na defesa dos seres amados e das lutas baseadas no perdão, para a construção da harmonia e da felicidade.

Como é sabido, segundo a mitologia grega, Perseu era filho de Dânae, um ser mortal, e de Zeus, o rei do Olimpo. O genitor de Dânae foi informado por um oráculo que, um dia, seria assassinado pelo próprio neto. De imediato tomou providências para reter distante da filha qualquer pretendente. Zeus, porém, a desejava, e dessa maneira adentrou-se na prisão em forma de chuva de ouro, de cujo encontro veio a nascer mais tarde Perseu.

Tomando conhecimento de que era avô, o rei Acrísio encarcerou a filha e o neto em uma caixa de madeira, lançando-os ao mar a fim de que perecessem por afogamento.

Informado dessa artimanha perversa, Zeus soprou ventos brandos que levaram a caixa à costa de uma ilha, onde foi recolhida por modesto pescador que os abrigou sob a aquiescência do rei local.

Sua mãe, no entanto, passou a sofrer insidiosa perseguição desse rei, que Perseu enfrentou. O rei propôs, como condição para salvar a mãe de Perseu, que este trouxesse a cabeça de uma das górgonas, a Medusa, monstro ameaçador que transformava em pedra todo aquele que lhe visse o rosto horrendo.

Psicologia da gratidão

Para vencê-la, Perseu necessitava da ajuda dos deuses, e seu pai, Zeus, num gesto de acendrado amor, designou que Hades, rei do mundo subterrâneo, emprestasse-lhe um capacete com o qual ficaria invisível, enquanto Hermes deu-lhe sandálias aladas, e Atena ofereceu-lhe uma espada afiada e um escudo especial tão polido que se transformava em espelho, refletindo a imagem de tudo que o alcançasse.

Com esse escudo, Perseu pôde olhar apenas o reflexo da Medusa, evitando vê-la diretamente, e decepou-lhe a cabeça.

O herói em triunfo retornou ao lar em júbilo, mas, quando voltava, encontrou uma linda jovem acorrentada a um rochedo próximo ao mar, aguardando que um monstro viesse devorá-la.

O herói tomou conhecimento do seu nome, Andrômeda, e que seria sacrificada porque sua mãe ofendera os deuses que, desse modo, a castigaram.

Perseu apaixonou-se imediatamente, e a libertou, apresentando ao monstro marinho a cabeça da Medusa que o transformou em pedra. Levando em seguida a jovem para conviver com sua mãe, que se transferira para o templo de Atena a fim de fugir às investidas do rei ambicioso e depravado.

Desesperado, Perseu transformou em pedra todos os inimigos da sua genitora, erguendo a cabeça da Medusa, que foi oferecida a Atena, que a insculpiu no seu escudo, tornando-se o emblema da deusa.

Perseu, agradecido aos deuses, devolveu-lhes os preciosos presentes, e permaneceu feliz com Andrômeda.

Certo dia, porém, nos jogos atléticos, ao arremessar um disco, os ventos levaram-no para fora do estádio, matando um idoso. Lamentavelmente era Acrísio, o seu avô, confirmando-se a previsão do oráculo.

Como Perseu não era ambicioso, emocionado e triste, não desejou governar o reino que lhe pertencia por herança ancestral, solicitando ao rei de Argos que com ele trocasse de região, o que aconteceu, facultando-lhe construir a bela cidade de Micenas, com sua esposa e seus filhos.

O nome Perseu significa destruidor, e na mitologia vários elementos psicológicos têm curso: o medo de Acrísio, o receio de não chegar à velhice, a temeridade das punições àqueles que poderiam ser o veículo da sua morte, mas também a clemência de Zeus que protegeu a mulher amada e o seu filho, que arriscou a vida para salvá-la da situação desagradável e saiu para matar o monstro que destruía vidas; também está presente o amor por Andrômeda, transformando Perseu em libertador de vítimas inocentes.

No mito, Perseu castiga os maus e cruéis, tem a generosidade de devolver os presentes e ser grato aos deuses que o ajudaram na empreitada exitosa, sofrendo pela morte do avô e renunciando ao seu reino, que troca por outro.

Em todos os seres humanos encontramos esses arquétipos, havendo ocorrido o triunfo da coragem por amor, da gratidão por maturidade emocional, da proteção aos fracos em ato de compaixão, da renúncia aos bens transitórios.

Perseu triunfou porque descobriu o significado psicológico da sua existência, que era salvar a genitora, vencer os inimigos internos, perseverar nos propósitos elevados e reconhecer a própria vulnerabilidade ante as vicissitudes existenciais.

Quando alguém deseja alcançar a vitória sobre os fatores externos, eliminando as Medusas que lhe jazem no íntimo, nenhum medo mais o assusta ou aflige, porque a sua onda mental está localizada no idealismo do amor e do bem incessante, que prevalecem com alto significado, jamais se permitindo que o ressentimento ou a vingança lhe assinale a conduta.

Essa marcha contínua leva o lutador à individuação, após passar por todas as tormentas do ego e da sombra.

A psicologia da gratidão torna-se um instrumento hábil no eixo ego–Self, devendo ser vivenciada em todos os momentos da existência corporal como roteiro de segurança para a conquista da sua realidade.

Filha do amadurecimento psicológico, enriquece de paz e de alegria todo aquele que a cultiva.

Nesses dias de violência e de crueldade, de indiferença pelos valores morais e emocionais relevantes, a gratidão tem um papel significativo a desempenhar em referência à saúde integral dos seres humanos.

Vive-se o afã dos prazeres grosseiros e tóxicos, sem nenhuma oportunidade para o Espírito que se é, ante as pressões vigorosas do materialismo que domina a sociedade terrestre.

São convocados para essa luta sem quartel os Perseus destemidos, capazes de superar as circunstâncias aziagas, fixados na proteção de Deus que vela pelas Suas criaturas.

Esperamos que esta modesta contribuição psicológica possa auxiliar o homem e a mulher novos no grande empreendimento da autoconquista.

Salvador, 1º de janeiro de 2011.
JOANNA DE ÂNGELIS

*A psicologia da gratidão
deve ser vivenciada em todos os
momentos da existência corporal.
Filha do amadurecimento psicológico,
enriquece de paz e de alegria
todo aquele que a cultiva.*

1
A BÊNÇÃO DA GRATIDÃO

O SIGNIFICADO DA GRATIDÃO
A VIDA E A GRATIDÃO
A CONSCIÊNCIA DA GRATIDÃO

Entre os sentimentos nobres que caracterizam o ser psicológico maduro, a gratidão destaca-se como um dos mais relevantes.

A vida, em si mesma, é um hino de louvor à Vida, portanto, de gratidão incontida.

Vida, porém, é vibração de harmonia presente em todo o Universo.

Limitada nas diversas expressões pelas quais se manifesta, é um desafio em constante desdobramento na busca de significado.

Quando o processo de crescimento emocional liberta o Espírito da *sombra* em que se aturde, nele se apresenta a luz da verdade, que é o discernimento em torno dos valores significativos que o integram no concerto harmônico do Cosmo.

Buscando a perfeita identidade, na fusão equilibrada do eixo *ego–Self*, dá-se conta que viver é experienciar gratidão por tudo quanto lhe sucede e tem oportunidade de vivenciar.

A gratidão, dessa maneira, é a força que logra desintegrar os aranzéis da degradação do sentido existencial.

Filha da maturidade alcançada mediante a razão, sobrepõe-se ao instinto, é conquista de elevada magnitude pelo propiciar de equilíbrio que faculta àquele que a sabe ofertar.

Comumente, na imaturidade emocional, acredita-se que a gratidão é uma retribuição pelo bem ou pelos favores que se recebem, consistindo em uma forma de devolução, pelo menos em parte. Inegavelmente, quando se devolve algo dos recursos recebidos, que têm significados saudáveis, opera-se no campo do reconhecimento. No entanto, trata-se de uma convenção, efeito do jogo mercadológico da oferta e da procura ou vice-versa.

O instinto de preservação da existência, trabalhando em favor dos interesses imediatistas, age, não poucas vezes, utilizando-se de ações retributivas, especialmente quando estimulado ao prazer.

A gratidão é um sentimento mais profundo e significativo, porque não se limita apenas ao ato da recompensa habitual. É mais grandioso, porque traz satisfação e tem caráter psicoterapêutico.

Todo aquele que é grato, que compreende o significado da gratidão real, goza de saúde física, emocional e psíquica, porque sente alegria de viver, compartilha de todas as coisas, é membro atuante na organização social, é criativo e jubiloso.

Predomina, porém, nas massas, que infelizmente diluem a identidade do indivíduo, confundindo os valores éticos e comportamentais, a ingratidão, filha inditosa da soberba, quando não do orgulho ou da prepotência, esses remanescentes do instinto, transformados em *sombra* perturbadora. Em consequência, vivem em inquietação, perturbam-se e desequilibram os demais, cultivando as enfermidades parasitas da agressividade, da violência ou da autocompaixão, entregando-se aos conflitos e realizando mecanismos de transferência de responsabilidades. Impossibilitados de compreender a finalidade existencial, a busca de um sentido para a autorrealização, fazem-se omissos, até mesmo no que diz respeito aos seus insucessos, entregando-se a condutas esdrúxulas que pensam poder escamotear os conflitos que os assinalam.

Essa estranha conduta é responsável por alguns mitos que remanescem no inconsciente, e esses arquétipos desculpistas constituem-lhes recursos de autoapaziguamento, dessa forma tentando conciliar a consciência que exige lucidez com o *ego* que prefere a ilusão.

O *Self* imaturo sofre o efeito do *ego* dominador e atribui-se méritos que não possui, acreditando-se credor de todas as benesses que lhe são concedidas, sempre anelando por mais recursos que lamentavelmente não o plenificam. Nesse estágio, haure bens que não sabe usar, e amontoam-se em armários ou em bancos, acumulando presunção e despotismo, sem se integrar no conjunto social em que se movimenta. E quando o faz, destaca-se pelo orgulho e pelo falso poder externo, compensando as angústias internas com a bajulação e o aplauso dos outros, que se transformam em estímulo para exibir as qualidades que gostaria de possuir.

Aspira sempre por ter mais, sem a preocupação de ser melhor.

Busca ser respeitado, o que equivale a dizer temido, antes que ser amado, pela dificuldade que tem de amar, o que lhe propicia insegurança e mal-estar disfarçados com os vícios sociais, tais o álcool, as drogas da moda, o tabaco, o sexo apressado e destituído de sentimento emocional compensatório.

Recolhe onde não semeou, por acreditar-se possuidor de direitos que lhe não cabem, impedindo-se o dever de repartir solidariedade e harmonia.

Assume postura agressivo-defensiva, de modo que amealhe sem oferecer, descobrindo inimigos onde existem apenas desconhecidos que não foram conquistados e simpatizantes que não foram atraídos ao seu fechado círculo de egoísmo.

Permanece armado, em vigília contínua, em vez de amando em todas as circunstâncias, ante a irradiação de desequilíbrio que é o seu estado interno.

Introverte-se, quando deveria espraiar-se como as águas generosas do regato, diluindo as fixações que o retêm na infância da evolução antropológica...

O sentido existencial é de conquistas internas, aplicadas em favor da gratificação.

À medida que se recebe, doa-se, e, na razão direta em que se é aceito e querido, mais ama e melhor agradece.

A gratidão é uma bênção de valor desconhecido, porque sempre tem sido considerada na sua forma simplista e primária, sem o conteúdo psicoterapêutico de que se reveste.

Quando se reflexiona em torno da gratidão, quase imediatamente se pensa em devolver parte do que foi recebido, o que a torna insignificante e destituída de valor.

Psicologia da gratidão

Permanece aí a visão material imediatista, sem os conteúdos psicológicos renovadores.

Quando observamos uma rosa exteriorizando perfume carreado pela brisa, deparamo-nos com a *gratidão* do vegetal que transformou húmus e água em aroma delicado.

De igual maneira, o Sol, que responde pela preservação do milagre da vida em múltiplas manifestações, oscula o charco sem assimilar-lhe os odores pútridos e acaricia as pétalas das flores sem tomar-lhes o aroma agradável. Essa é a sua forma de *agradecer* a própria finalidade para a qual foi criado...

Quando o Espírito alcança o objetivo do seu significado imortal e entende-o com discernimento lúcido, abençoa tudo e todos, agradecendo-lhes a oportunidade por fazer parte do seu conglomerado.

A gratidão deve ser um estado interior que se agiganta e mimetiza com as dádivas da alegria e da paz.

Por essa razão, aquele que agradece com um sorriso ou uma palavra, com uma expressão facial em silêncio ou numa canção oracional, com o bem que esparze, é sempre feliz, vivendo pleno. Entretanto, aquele que sempre espera receber, que faz e anela pela resposta gratulatória, que se movimenta e realiza atos nobres, mas conta com o alheio reconhecimento, imaturo, negocia, permanecendo instável, neurastênico, em inquietação.

Quando se é grato, nunca se experimenta nenhum tipo de decepção ou queixa, porque nada espera em resposta ao que realiza.

A busca, portanto, da autorrealização é alcançada a partir do momento em que a gratidão exerce o seu predomínio no *Self*, sem nenhuma *sombra* perturbadora, constituindo-se uma sublime bênção de Deus.

O SIGNIFICADO DA GRATIDÃO

O verbete gratidão vem do latim *gratia* que significa literalmente graça, ou *gratus* que se traduz como *agradável*. Por extensão, significa reconhecimento agradável por tudo quanto se recebe ou lhe é concedido.

A ciência da gratidão surge como a mais elevada expressão do amadurecimento psicológico do indivíduo, que o propele à vivência do sentimento enobrecido.

Os hábitos de receber-se ajuda e proteção desde o momento da fecundação, passando pelos diversos períodos do desenvolvimento fetal até a idade adulta, sem a consciência do que lhe é oferecido, encarregam-se de construir o *ego* interessado exclusivamente em fruir sem maiores responsabilidades.

Acumulando os favores que o promovem, somente adquire noção de valor do que lhe é oferecido quando o discernimento aflora na personalidade e o convoca, por sua vez, à contribuição pessoal. Não acostumado, porém, a repartir, torna-se soberbo e presunçoso, atribuindo-se méritos que realmente ainda não conseguiu amealhar.

À medida que os instintos abrem espaço para as emoções, o amor ensaia os seus primeiros passos em forma de bondade e de gentileza para com os outros, caracterizando o desenvolvimento ético-moral. O amor assinala-se, nessa fase, através do anseio de servir, de contribuir, de gratular…

Psicologia da gratidão

Nessa fase, a da gratulação, o significado existencial torna-se relevante, proporcionando a mudança do comportamento egoísta e ensaiando as primeiras manifestações de gentileza, de altruísmo.

Quanto mais se desenvolve o sentimento afetivo, mais expressivo se faz o sentido retributivo.

No começo, trata-se de uma emoção-dever, que auxilia na libertação da ânsia de acumular e de reter. O discernimento faculta a compreensão de que tudo é movimento no Universo, uma forma de dar e de receber, de conceder e de retribuir, e qualquer conduta estanque é propiciatória à instalação de enfermidades, desajustes e morte.

A recompensa, maneira simplista de retribuição, apresenta-se como passo inicial para a futura gratidão.

Raramente ocorre ao adulto a emoção espontânea de agradecer, isto é, de bendizer todos aqueles que contribuíram de maneira automática, é certo, mas também pela afetividade, para que ele alcançasse o patamar da existência no qual se movimenta. Quando se conscientiza dessa evocação, um hino de alegria canta no seu mundo íntimo. Não há lugar para exigência diante de qualquer carência ou reclamação por não haver fruído determinadas benesses que antes lhe pareciam de real importância. Reflexiona que também age pela força dos hábitos adquiridos em favor de outras vidas, da ordem, do progresso, do bem, ou, infelizmente, pelos fenômenos perturbadores que assolam a sociedade... Descobre-se localizado no contexto social, um tanto amorfo, sem o sentido existencial feliz, deixando-se conduzir ou arrastar pela correnteza dos acontecimentos...

O despertamento para a gratidão inicia-se por uma forma de louvor a tudo e a todos.

O santo seráfico de Assis, ao atingir o estado numinoso, de imediato exaltou na sua volata de gratidão, ora doce, ora suave, o hino em favor de todas as criaturas: irmão Sol, irmã Lua, irmã chuva, vegetais, animais e tudo quanto vibra e glorifica a criação.

Quanto mais exaltava o que a muitos parece insignificante ou destituído de valor, a sua riqueza gratulatória conseguia dignificar, exaltando-lhes as qualidades.

Certamente, conforme acentuou um filósofo popular, *a beleza da paisagem encontra-se nos olhos daquele que a contempla.* Não é exatamente assim o que ocorre, mas existe uma dose alta de razão no conceito, porque somente quem possui beleza e harmonia pode identificá-las onde quer que se encontrem. Não havendo essa sensibilidade no ser humano, não há como distinguir-se o banal do especial, o grotesco do belo, e assim por diante.

Claro está, portanto, que a gratidão, para ser legítima, exige que haja no íntimo da criatura esse encanto pela vida, o doce enlevo que a torna preciosa em qualquer condição que se manifeste, que se compreenda a magia do existir, percebendo-se as dádivas que se multiplicam em incontáveis expressões de intercâmbio.

No sentido oposto, o ingrato é aquele que se mantém no processo de primarismo, longe da percepção do objetivo essencial da existência. *Criança maltratada* que se detém na injúria e nas circunstâncias iniciais do processo de desenvolvimento ético e moral. Que se nega a crescer, acalentando ressentimentos de fatos de pequena ou grande monta, mas que encontraram aceitação emocional profunda, assinalando com revolta a experiência do desenvolvimento emocional. Ninguém se pode fecundar emocionalmente se reage aos fatores propiciatórios do mecanismo especial de maturação. É indispensável deixar-se triturar pelas ocorrências, e superá-las mediante a autoestima e o autorreconhecimento.

A gratidão é sempre em relação a outrem, aos fenômenos existenciais, jamais ao orgulho e à presunção. Como se pode ser reconhecido a si mesmo, sem o tombo grosseiro no abismo do *ego* sem discernimento? Como se ser grato ao *ego*, invariavelmente incapaz de liberar da sua conjuntura o *Self*, responsável pela magnitude do ser em aprimoramento? Tome-se como imagem para reflexão a concha bivalve da ostra que não permite seja recolhida a pérola nela acrisolada. Para que tenha sentido real, rompe-se a crosta vigorosa e esplende a gema pálida e notavelmente construída.

Muitas vezes, ou quase sempre, é através da ruptura, da fissão, que se pode encontrar, além do exterior, a *pérola* adormecida na intimidade de tudo: o diamante mergulhado no carvão grosseiro, a estrela escondida além da nuvem e da poeira cósmica...

Agradecer, portanto, significa inebriar-se de emoção lúcida e consciente da realidade existencial, mas não somente pelo que se recebe, também pelo que se gostaria de conseguir, assim como pelo que ainda não se é emocionalmente.

Despojando-se da escravidão da posse, irisa-se o ser de bênçãos que esparze em sinfonia de gratidão.

Agradecer o bem que se frui assim como o mal que não aconteceu ainda, e, particularmente, quando suceda, fazer o mesmo, tendo em vista que somente ocorre o que é necessário para o processo de crescimento espiritual, conforme programado pela Lei de Causa e Efeito.

Gratidão é como luz na sua velocidade percorrendo os espaços e clareando todo o percurso, sem se dar conta, sem o propósito de diluir-se no facho incandescente que assinala a sua conquista.

Uma das razões fundamentais para que a gratidão se expresse é o estímulo propiciado pela humildade que faz se compreenda quanto se recebe, desde o ar que se respira gratuitamente aos nobres fenômenos automáticos do organismo, preservadores da existência.

Nessa percepção da humildade, ressuma o sentimento de alegria por tudo quanto é feito por outros, mesmo que sem ter ciência, em favor, em benefício dos demais. Essa identificação proporciona o amadurecimento psicológico, facultando compreender-se que ninguém é autossuficiente a tal ponto que não dependa de nada ou de ninguém, numa soberba que lhe expressa a fragilidade emocional.

Sem esse sentimento de identificação das manifestações gloriosas do existir, a gratulação não vai além da presunção de devolver, de nada se ficar devendo a outrem, de passar incólume pelos caminhos existenciais, sem carregar débitos...

Quando se é grato, alcança-se a individuação que liberta. Para se atingir, no entanto, esse nível, o caminho é longo, atraente, fascinante e desafiador.

A VIDA E A GRATIDÃO

Jung asseverou que a finalidade da vida não é a aquisição da felicidade, mas a busca de sentido, de significado.

Equivale a dizer que a felicidade, conforme vulgarmente se pensa, é a conquista da alegria, o júbilo por determinadas aquisições, o êxito diante de algum empreendimento, a

Psicologia da gratidão

viagem ao país dos sorrisos. Sem dúvida, essas emoções que se derivam do prazer e do bem-estar encontram-se muito próximas da felicidade, que é portadora de mais complexidades psicológicas do que se pode imaginar.

No conceito junguiano, o sentido existencial, o seu significado transpessoal, é mais importante do que as sensações que decorrem do ter e do prazer, e transformam-se algumas vezes em emoções que duram algum tempo. Não obstante, analisando-se o fenômeno, pode-se facilmente constatar que tudo quanto proporciona prazer tem caráter efêmero, transforma-se, cede lugar a outros nem sempre ditosos... O júbilo de um dia converte-se, não raro, em preocupação no outro, em desgosto mais tarde. Essa felicidade risonha e simplória de um encontro, de uma explosão de afetividade ou de interesse atendido, quase sempre se constitui véspera de amargura e de dissabor, de arrependimento e de mágoa...

O sentido, o significado existencial, entretanto, caracteriza-se pela busca interna, pela transformação moral e intelectual do indivíduo ante a vida, pelo aproveitamento do tempo na identificação do *Self* com o *ego*. É um sentido profundo, a princípio de autorrealização, depois de autoiluminação, de autoencontro.

Necessário estar vigilante para melhor distinguir as sensações que produzem empatia e as emoções que enriquecem de harmonia. O *ego* prefere o mergulho nas sensações do poder, do gozar, do tocar e sentir, enquanto o *Self* anela pelo vivenciar e ser, ampliando os seus horizontes de gratidão.

Quando a busca é de sentido, a pessoa não se detém para avaliar o resultado das conquistas imediatas, porque não cessa o significado das experiências vivenciadas e por experienciar. Trabalha o ser interno, inundando-se da luz do conhecimento e da vivência, de tal modo que todo o encanto veste-o de beleza e de saúde. Mesmo que se apresente com algum distúrbio orgânico, isso não lhe constitui impedimento ao prosseguimento da sua necessidade de sentido, por compreender que se trata de um acidente natural ínsito no processo no qual se encontra, avançando sempre em equilíbrio íntimo.

Esse significado estende-se a todas as formas de vida, às mais variadas manifestações existenciais, rumando ao Cosmo...

Narra-se que um circo muito famoso, que se apresentava em Londres faz muito tempo, mantinha um elefante gentil que era motivo de júbilo das crianças, dos adultos, dos idosos, de todos que compareciam ao espetáculo no qual ele era a atração. Chamava-se Bozo, e era muito dócil. Bailava com o corpanzil, movia-se com suavidade, deitava--se e erguia-se com leveza...

Oportunamente, para surpresa geral, o paquiderme tentou atacar e matar o seu tratador, o que causou imenso desgosto. Porque agora urrasse colérico, ameaçando todos que se acercavam da sua jaula, tornou-se um perigo público, e as autoridades solicitaram ao proprietário do circo que o eliminasse.

Diante da injunção, para não perder totalmente o dinheiro que Bozo representava, o seu dono resolveu utilizá-lo para um último espetáculo, quando ele deveria morrer publicamente, e, a fim de que tal sucedesse, anunciou a futura ocorrência e vendeu ingressos para o trágico acontecimento.

Psicologia da gratidão

No sábado assinalado, pela manhã, antecipadamente anunciado, o circo encontrava-se repleto de curiosos e de insensíveis que ali estavam para ver a morte do animal que antes os distraía, numa demonstração cruel e selvagem de indiferença.

Na jaula circular, o animal movimentava-se agressivo, emitindo sons estranhos e arrepiantes.

Do lado de fora, os homens uniformizados, que se equipavam para o final terrível.

Nesse momento, enquanto o proprietário anunciava o fatídico acontecimento que logo teria lugar, alguém dele se aproximou, tocou-lhe o ombro e disse quase com doçura:

— Não lhe seria mais útil se o senhor pudesse manter vivo o animal?

E o empresário respondeu, quase com rispidez:

— Não tenho como poupá-lo, porquanto ele enlouqueceu e pode matar alguém.

— Permita-me, então, entrar na jaula e acalmá-lo, num breve tempo em que lhe possa falar.

Estremunhado, o dono do circo olhou para aquele homem de pequena estatura e redarguiu:

— Se eu consentisse uma loucura dessas, o elefante o faria picadinho, matando-o de forma impiedosa.

— Eu correrei o risco – afirmou o estranho. — E para poupá-lo de problemas ou contrariedades, eu assinei este documento que lhe entrego, assumindo toda a responsabilidade pelo meu ato.

O empresário olhou o papel de relance, anunciou ao público a proposta, e a massa informe, desejosa de sensações fortes, como no circo romano do passado, aplaudiu a anuência.

A porta de ferro foi aberta e o homem adentrou-se na jaula. O animal pareceu irritar-se ainda mais, parando o movimento circular, enquanto o visitante falava-lhe baixinho, palavras que ninguém entendia, num tom melódico, fazendo lembrar uma canção mântrica. Ouvindo-o, o animal foi-se acalmando, deixou de balançar-se, os olhos injetados recuperaram a expressão habitual, o estranho acercou-se mais, tocou-lhe na tromba e delicadamente puxou o paquiderme, fazendo um círculo em torno da jaula, com a sua maneira característica muito conhecida.

O público, tomado de surpresa, aplaudiu o ato.

O visitante da jaula saiu calmamente como entrara, tomou do chapéu-coco e do paletó, vestindo-os e saiu, sem dar importância à mão distendida do agora feliz proprietário de Bozo.

Voltando-se para trás, explicou:

— Bozo não é mau. Ele estava apenas com saudades do hindustani, o idioma no qual foi amestrado após nascer. Tratando-se de um elefante hindu, ele estava com saudade da sua terra, da língua materna, e acalmou-se, tendo sua paz restituída.

E não apertou a mão do diretor do circo.

Surpreso, o ambicioso proprietário olhou com mais cuidado o documento que tinha na mão e foi tomado de mais espanto, porque estava assinado por Rudyard Kipling, o inesquecível amigo dos animais, que escrevera inúmeras histórias sobre eles e que foram traduzidas em muitos idiomas.

A gratidão de Kipling ao animal saudoso devolveu-lhe a vida, enquanto Bozo, por sua vez, ouvindo a música doce do idioma a que estava acostumado, expressou a sua gratidão, recuperando a calma.

Psicologia da gratidão

Gratidão, eis também uma forma de sentido existencial, de significado da vida, que bem poucas pessoas sabem aplicar no seu desenvolvimento emocional.

A CONSCIÊNCIA DA GRATIDÃO

À medida que a psique desenvolve a consciência, fazendo-a superar os níveis primitivos recheados pela *sombra*, mais facilmente adquire a capacidade da gratidão.

A *sombra*, que resulta dos fenômenos egoicos, havendo acumulado interesses inferiores que procura escamotear, ocultando-os no inconsciente, é a grande adversária do sentimento de gratulação. Na sua ânsia de aparentar aquilo que não conquistou, impedida pelos hábitos enfermiços, projeta os conflitos nas demais pessoas, sem a lucidez necessária para confiar e servir. Servindo-se dos outros, supõe que assim fazem todos os demais, competindo-lhe fruir o melhor quinhão, ante a impossibilidade de alargar a generosidade, que lhe facultaria o amadurecimento psicológico para a saudável convivência social, para o desenvolvimento interior dos valores nobres do amor e da solidariedade.

A miopia emocional, defluente do predomínio da *sombra* no comportamento do ser humano, impede-o que veja a harmonia existente na vida, desde os *mágicos* fenômenos existenciais àqueles estéticos e fundamentais para a sobrevivência harmônica e feliz.

A *sombra* sempre trabalha para o *ego*, com raras exceções, quando se vincula ao *Self*, evitando toda e qualquer possibilidade de comunhão fora do seu círculo estreito de caráter autopunitivo, porque se compraz em manter a sua vítima em culpa contínua, que busca ocultar, mantendo, no seu recesso, uma necessidade autodestrutiva, porque incapaz de enfrentar-se e solucionar os seus mascarados enigmas.

As imperfeições morais que não foram modificadas pelo processo da sua diluição e substituição pelas conquistas éticas, atormentam o ser, fazendo-o refratário, senão hostil a todos os movimentos libertários.

Não há no seu emocional, em consequência, nenhum espaço para o louvor, o júbilo, a gratidão.

Compraz-se em arquitetar mecanismos de evasão ou de transferência, de modo que se apazigue e aparente uma situação inexistente.

Desse modo, os conflitos que se originaram em outras existências e tornaram-se parte significativa do *ego* predominam no indivíduo inseguro e sofredor, que se refugia na autocompaixão ou na vingança, de forma que chame a atenção, que receba compensação narcisista, aplauso, preservando sempre suspeitas infundadas quanto à validade do que lhe é oferecido, pela consciência de saber que não é merecedor de tais tributos...

Acumuladas e preservadas as sensações que se converteram em emoções de suspeita e de ira, de descontentamento e amargura, projetam-nas nas demais pessoas, por não acreditar em lealdade, amor e abnegação.

Se alguém é dedicado ao bem na comunidade, é tido como dissimulador, porque essa seria a sua atitude (da *sombra*).

Se outrem reparte alegria e constrói solidariedade, a inveja que se lhe encontra arquivada no inconsciente acha meios de denominá-lo como bajulador e pusilânime, pois que, por sua vez, não conseguiria desempenhar as mesmas tarefas com naturalidade. A ausência de maturidade afetiva isola o indivíduo na amargura e na autopunição.

Tudo quanto lhe constitui impedimento mascara e transfere para os outros, assumindo postura crítica impiedosa, puritanismo exagerado, buscando sempre desconsiderar os comportamentos louváveis do próximo que lhe inspiram antipatia.

Assim age porque a sua é uma consciência adormecida, não habituada aos voos expressivos da fraternidade e da compreensão, que somente se harmonizando com o grupo no qual vive é que poderá apresentar-se plena.

Conscientizando-se da sua estrutura emocional mediante o discernimento do dever, o que significa amadurecer, conseguirá realizar o parto libertador do *ego*, dele retirando as suas mazelas, lapidando as crostas externas qual ocorre com o diamante bruto que oculta o brilho das estrelas que se encontram no seu interior.

Não se trata de o combater, senão de o entender e o amar, porque, no processo antropológico, em determinado período, o que hoje são *sombras* ajudou-o a vencer as adversas condições do meio ambiente, das expressões primárias da vida, razão essa que se transformou em bem-estruturado mecanismo de defesa.

Burilá-lo, pois, através da adoção de novas condutas que o aprimorem, significa respeitá-lo, ao tempo em que se liberta das fixações perversas em relação à atualidade com a aceitação de outras condições próprias para o nível de consciência lúcida em cuja busca avança.

Conseguindo esse despertar de valores, é inevitável a saída da sua individualidade para a convivência com a coletividade, onde mais se aprimorará, aprendendo a conquistar emoções superiores que o enriquecerão de alegria e de paz, deslumbrando-se ante as bênçãos da vida que adornam tudo, assimilando-as em vez de reclamando sempre, pela impossibilidade de percebê-las.

A *sombra* desempenha um papel fundamental na construção do ser, que a deve direcionar no rumo do *Self,* portador da luz da razão e do sentimento profundo de amor, em decorrência da sua origem transpessoal de essência divina.

O ingrato, diante do seu atraso emocional, reclama de tudo, desde os fatores climatéricos aos humanos de relacionamentos, desde os orgânicos aos emocionais, sempre com a verruma da acusação ou da autojustificação, assim como do mal-estar a que se agarra em seguro mecanismo de fuga da realidade.

Nos níveis nobres da *consciência de si* e da *cósmica,* a gratidão aureola-se de júbilos, e os sentimentos não mais permanecem adstritos ao *eu,* ao *meu,* ampliando-se ao *nós,* a mim e você, a todos juntos.

A gratidão é a assinatura de Deus colocada na Sua obra.

Quando se enraíza no sentimento humano, logra proporcionar harmonia interna, liberação de conflitos, saúde emocional, por luzir como estrela na imensidão sideral...

Por extensão, aquele que se faz agradecido torna-se veículo do sublime autógrafo, assinalando a vida e a natureza com a presença d'Ele.

A consciência responsável age sem camuflagem, diluindo a *contaminação* de todos os miasmas de que se faz

Psicologia da gratidão

portador o inconsciente coletivo gerador de perturbações e instabilidade emocional, produtor de conflitos bélicos, de arrogância, de crimes seriais, de todo tipo de violência.

Quando o egoísta insensatamente aponta as tragédias do cotidiano, as aberrações que assolam a sociedade, somente observa o lado mau e negativo do mundo, está exumando os seus sentimentos inconscientes arquivados, vibrantes, sem a coragem de externá-los, de dar-lhes campo livre no consciente.

Quando alguém combate a guerra, a pedofilia, a hediondez que se alastram em toda parte, apenas utilizando palavras desacompanhadas dos valores positivos para os eliminar do mundo, conhece-os bem no íntimo e propõe a imagem do salvador, quando deveria impor à consciência o labor de diluição, despreocupando-se com o exterior, sem lhes dar vitalidade emocional.

Além das palavras são os atos que devem ser considerados como recursos de dignificação humana.

A paz de fora inicia-se no cerne de cada ser. Também assim é a gratidão. Ao invés do anseio de recebê-la, tornar--se-lhe o doador espontâneo e curar-se de todas as mazelas, ensejando harmonia generalizada.

A vida sem gratidão é estéril e vazia de significado existencial.

A gratidão é a assinatura de Deus colocada na Sua obra. Quando se enraíza no sentimento humano, logra proporcionar harmonia interna, liberação de conflitos, saúde emocional, por luzir como estrela na imensidão sideral...

2
O MILAGRE DA GRATIDÃO

A *SOMBRA* PERTURBADORA E A GRATIDÃO
O INCONSCIENTE COLETIVO E A GRATIDÃO
O SER MADURO PSICOLOGICAMENTE E A GRATIDÃO

Os sentimentos inferiores, herança perversa do trânsito evolutivo quando no período assinalado somente pelo instinto dominador, constituem presídios sem grades que limitam a movimentação emocional e espiritual do ser, constrangendo o processo iluminativo e gerando sofrimentos.

São responsáveis pelo ressentimento, pela raiva, pelo ciúme que se transformam em conflitos graves no comportamento humano.

Esse *ego* primitivo tem por obrigação consciente eleger o bem-estar e a saúde como diretrizes que lhe facultem harmonia, ensejando a identificação com as aspirações do *Self* em estágio superior de apercebimento da finalidade existencial.

Permanecendo na condição de *sombra* morbosa, dá lugar à instalação de emoções igualmente primárias, que a razão bem direcionada deverá superar.

Ressumando com frequência do inconsciente pessoal, afastam o paciente do saudável convívio social, fazendo que os seus relacionamentos domésticos sejam desagradáveis, de agressividade ou de indiferença, de distanciamento ou de introspecção rancorosa.

O ser humano, graças à conquista da consciência, está destinado à individuação que alcançará mediante a perfeita fusão do eixo *ego–Self*, à completude, na qual retornará à unidade que sofreu fissão durante o processo antropossociopsicológico da evolução através das sucessivas reencarnações.

Conforme Jung declarou, a individuação é o *processo de diferenciação que tem como objetivo o desenvolvimento da personalidade individual e da consciência do ser único, indivisível e distinto da coletividade*, quando o *Self* atinge a culminância da sua realidade *imortal*...

Nesse sentido, todo o empenho para combater as imperfeições morais deve ser colocado a serviço do equilíbrio, da harmonia emocional e psíquica.

Em tal abordagem clínica, a gratidão desempenha uma função psicoterapêutica de suma importância pelo fato de entender as ocorrências do dia a dia, mesmo aquelas que possuem conteúdos perturbadores, não podendo interferir no comportamento equilibrado, que resulta da consciência de responsabilidade perante a vida. O amadurecimento psicológico desperta a consciência para a sua realidade transcendental, superando os impositivos imediatos dos instintos e ampliando as percepções em torno dos valores existenciais.

Psicologia da gratidão

É inevitável que sucedam fenômenos aflitivos no trânsito humano, tendo-se em vista os atavismos pessoais, a convivência familiar e social sempre desafiadora, propiciando aprimoramento dos sentimentos, particularmente a tolerância, a compaixão, o interesse afetivo, a solidariedade...

Normalmente acredita-se que a gratidão é um sentimento sublime que opera os *milagres do amor* diante do seu caráter retributivo. Esse conceito, no entanto, limita-o ao espaço estreito do reconhecimento pelo bem que se recebe e pelo anseio de devolvê-lo. Em nossa análise, apresenta-se de maneira muito sutil e mais profunda, que vai além da compensação pelo que se recebe e se vivencia.

Quando alguém consegue a experiência da gratulação, mesmo de referência aos insucessos, que podem ser considerados como experiências que ensinam a agir com responsabilidade e retidão, alcança o patamar em que esta deve ser vivida.

O sentido psicológico da reencarnação é conseguir-se a transformação moral do *Self* e a liberação de todos os seus conteúdos ocultos ou que se encontram em germe, capacitando-o para os enfrentamentos com outros arquétipos inquietadores, especialmente quando se tornam imperiosos e dominantes no comportamento. Uma conscientização do ser que se é faculta a renovação das forças morais para diluir a *sombra* e desenvolver as experiências renovadoras.

A arte da gratidão, que é a ciência da afetuosa emoção pelo existir, leva a condutas de aparência paradoxal, como, por exemplo, no caso das aflições e dos desaires...

Há um século e meio quase, Santo Agostinho, Espírito, conclamava os que sofriam à coragem e à resignação ante as aflições, mesmo aquelas de aparência cruel, propondo:

As provas rudes, ouvi-me bem, são quase sempre indício de um fim de sofrimento e de um aperfeiçoamento do Espírito, quando aceitas com o pensamento em Deus.[1]

As provações constituem bênçãos que a vida proporciona ao ser calceta, que cometeu no passado e mesmo na atual existência arbitrariedades, ferindo a harmonia das leis universais, comprometendo a consciência, a fim de que disponha de meios de recuperar-se da culpa inscrita no cerne do ser, experienciando a contribuição do sofrimento que o dignifica, desde que a relatividade orgânica está sempre sujeita a essa sinuosidade com altibaixos na saúde e no bem-estar...

O processo da evolução, de certo modo, faz lembrar uma correnteza que enfrenta obstáculos no curso por onde corre até alcançar o seu destino, um lago, um mar, um oceano...

Não cessando de prosseguir, quando defronta impedimentos, acumula as águas com tranquilidade até ultrapassá-los, pois que a sua meta encontra-se à frente, aguardando-a.

De semelhante maneira, as experiências evolutivas do ser humano transcorrem dentro de uma programação assinalada por variadas e sucessivas etapas até ser alcançado o estado numinoso.

---

[1] *O Evangelho segundo o Espiritismo*, Allan Kardec, capítulo XIV, item 9, 121. ed. FEB (mensagem ditada em 1862).

Psicologia da gratidão

A gratidão pelos insucessos aparentes constitui o reconhecimento por entender-se que fazem parte da aprendizagem; e a sua ocorrência em forma de dissabores, de padecimentos morais consequentes à traição, à calúnia, ao abandono a que se vai relegado por antigos afetos, tem razão de ser. Melhor, pois, sofrê-los, vivenciá-los com resignação, quando se apresentam, do que ignorá-los, envolvê-los em máscaras ou postergá-los...

Numa visão superficial, poder-se-á crer tratar-se de uma patologia pelo sofrimento em lamentável transtorno masoquista. Ao inverso, no entanto, essa conduta traduz maturidade saudável, porque não se trata de uma eleição pessoal pelo sofrimento, mas de uma aceitação consciente e natural do fenômeno-dor, que faz parte do curso evolutivo.

Gratidão, portanto, em toda e qualquer situação, boa ou má, como asseverava o apóstolo Paulo, que era sempre o mesmo na alegria, no bem-estar, no sofrimento, no testemunho, mantendo a integridade do *Self*, em razão da consciência do dever nobremente cumprido, considerando as dificuldades e os sofrimentos como fenômenos naturais no seu processo de integração com o Cristo.

Quando se adquire o hábito de agradecer, os morbos emocionais da ira que se converte em ódio, da mágoa que se torna desejo de vingança, da inveja que anela pela destruição do outro, e, sucessivamente, não encontram áreas na psique para tornarem-se tormentos... A alegria de ser-se grato proporciona entender-se a pequenez do ofensor, a jactância e fatuidade do perverso, a fragilidade daquele que se faz adversário... Uma emoção de tranquilidade preenche todos os espaços íntimos do *Self*, nos quais se desenvolveriam os sentimentos inferiores.

De igual maneira, mesmo quando se recebe o anúncio de uma enfermidade irreversível, de um acontecimento grave e mutilador, a gratidão ensejará viver-se plenamente cada momento, ante a convicção racional da sobrevivência ao corpo somático, sempre credor de toda a gratidão por conduzir-se como um *doce jumentinho do Self*, consoante o denominou o *irmão alegria* de Assis, o numinoso, sempre grato a Deus por tudo, inclusive pelo momento em que se lhe acercou a *irmã morte*.

A *SOMBRA* PERTURBADORA E A GRATIDÃO

Todas as criaturas possuem o seu lado *sombra*, o lado obscuro da sua existência, às vezes considerado como o lado negativo do ser.

Essa *sombra* que, quase sempre, responde por muitas aflições que se insculpem no *ego*, atormentando o *Self*, é, conforme o Dr. Friedrich Dorsch, resultado de *traços psíquicos do homem [e da mulher] em parte reprimidos, em parte não vividos, que, por razões sociais educativas ou outras, foram excluídos da convivência e, por isso, foram reprimidos*.

A *sombra* é portadora de valores e requisitos que podem ser utilizados de maneira produtiva ou perturbadora, podendo mesmo expressar-se de três formas, como sejam: a) a de natureza pessoal, cujos significados que foram reprimidos pertencem ao próprio indivíduo; b) a de natureza coletiva, que representa os mesmos significados reprimidos

Psicologia da gratidão

em cada sociedade; c) a de natureza arquetípica, em que há um caráter ancestral de *destrutividade do ser humano*, que não dispõe de possibilidade de diluição...

Jung considerava que se torna necessário adquirir a consciência desses conteúdos reprimidos, porque somente assim será possível alcançar a individuação. Após essa tentativa inicial, deve-se trabalhar pela sua integração no *Self*, o que equivale a dizer esforçar-se pelo amadurecimento psicológico, não mascarando a responsabilidade pessoal e aceitando-a de forma consciente, compreendendo todas as manifestações sombrias já experienciadas.

Todo indivíduo é possuidor de aspirações que nem sempre consegue concretizar ou vivenciar, recalcando-as com mágoa e não conseguindo diluí-las conscientemente pela superação. Somando a esse conflito não exteriorizado, conduz a herança ancestral da cultura em que se movimenta assim como a presença arquetípica de autodestruição, como fenômeno de fuga da realidade.

Tais ocorrências defluem da vivência em cada reencarnação, quando experimentou a carga dos conflitos gerados anteriormente e que ressumam – *sombra* pessoal e coletiva –, tomando o aspecto arquetípico bem característico dos movimentos primários antes do surgimento da consciência e da personalidade.

Com todo esse potencial negativo, a *sombra* responde pelos desaires que geram sofrimento e amargura, retendo o ser na sua rede invisível e constritora.

Nada obstante, ao ser-se conscientizado desses fatores de perturbação, pode-se e deve-se trabalhar interiormente para superá-los por intermédio da redução da sua carga, aplicando-se contribuições edificantes e saudáveis, como o otimismo, a confiança no êxito, a solidariedade, o esforço para manter as perspectivas de realização sem os receios injustificáveis.

A *sombra* pode ser vista como uma névoa ou uma ilusão que o sol da realidade dilui, proporcionando a visão clara do existir, no qual todos se encontram situados. E porque as aspirações humanas saudáveis são crescentes, à medida que vão sendo superadas algumas dificuldades do amadurecimento psicológico, ampliam-se os horizontes do equilíbrio e do despertamento para a individuação.

Há, sem dúvida, um grande conflito entre o que se é e o que se deseja ser, no esforço contínuo por alcançar patamares em que a harmonia emocional torne-se uma realidade, proporcionando estímulos para serem conquistados.

Nada a estranhar, nessa aparente dualidade, já que existem realmente o lado bom e o lado mau de todas as coisas, o alto e o baixo, o dia e a noite, a vida e a morte, o *yin* e o *yang*, produzindo a integração, a unidade...

Em toda parte podem ser identificadas as manifestações sombrias do ser humano, mas também o lado numinoso em toda a sua grandiosidade, rutilante nos heróis do saber e do ser, do conquistar e do realizar, na ciência, na tecnologia, nas artes, na religião, no pensamento, na solidariedade, enquanto também vige o instinto de destruição pela agressividade, pelos vícios, pela ignorância, pela prepotência...

A civilização hodierna, rica de conquistas de vária ordem, ainda não logrou tornar feliz a criatura humana que, embora favorecendo alguns dos membros a viverem em

Psicologia da gratidão

grande conforto e desfrutando de comodidades, de belezas ao alcance da mão, em sua grande parte ainda permanece insatisfeita, infeliz, invariavelmente derrapando nos abismos da drogadição, do alcoolismo, da busca desenfreada pelo prazer, pela ilusão. Naturalmente que aí encontramos a predominância da *sombra coletiva e arquetípica* não trabalhada pelo conhecimento do ser em si mesmo e das suas imensas possibilidades, sempre conduzido pelo comércio para o gozo e o não pensar em profundidade, vivendo na superficialidade dos fenômenos humanos. Tem faltado a coragem social para romper com essa cortina que impossibilita a clara visão da realidade psicológica da existência, de tal forma que as suas aspirações não vão além dos limites sensoriais.

Embora o esforço da Psicologia Social e de outras escolas, de algumas valiosas doutrinas religiosas e filosóficas, o ser humano atém-se mais ao que tateia e alcança do que anela emocionalmente, agarrando as sensações materiais sem fruir as emoções libertadoras.

Infelizmente, a educação vigente trabalha mais em favor da preservação do medo ao lado *sombra* do indivíduo, que se propõe a ignorá-la, a fim de desfrutar os bens que se encontram ao alcance, e mesmo quando defrontado por pensamentos ou ocorrências infelizes, logo deseja esquecê-los, não os enfrentar, como se fosse possível ocultá-los num depósito especial que os asfixiaria. Realmente, quando reprimidos esses sentimentos e sucessos, na primeira oportunidade ei-los que ressumam com a carga aflitiva de que se constituem e nublam os céus róseos dos iludidos.

A existência humana é um permanente desafio que o *Self* tem pela frente e todo o seu esforço é procurar a integração da *sombra* no seu eixo.

Cabe a todos os indivíduos o dever de diluir a treva que se lhe encontra ínsita, com naturalidade igual à que defronta a luz, considerar a dor e a frustração como fenômenos normais que podem corresponder ao bem-estar e à sabedoria, logo sejam convertidos pela racionalização e pelo trabalho psicológico.

Todos aqueles que são portadores da *sombra* – e todos o são –, em vez de a compreenderem na condição de processo de crescimento, experimentam uma certa forma de vergonha, de constrangimento, e procuram disfarçá-la. Tal comportamento dá lugar a uma sociedade hipócrita, artificial, incapaz de procedimentos maduros e significativos que a todos beneficiem. O ser mais hábil no disfarce é sempre o mais homenageado e querido, produzindo-lhe maior soma de *sombra* e de conflito, porque se vê obrigado a continuar a parecer aquilo que, realmente, não é.

Torna-se necessária a coragem para o autoenfrentamento, saindo da obscuridade na direção da claridade existencial.

A herança arquetípica já nos fala, na linguagem do *Gênesis*, que Deus fez primeiro a luz, deixando significar a Sua presença em plena escuridão, momentaneamente obstaculizada pela *sombra*.

Em cada passo, a cada conquista diluidora do lado treva, vai-se conseguindo superar o medo do enfrentamento, o que exige a consciência da *sombra* que deve ser aceita sem reservas nem ressentimentos, oferecendo a cada lutador

Psicologia da gratidão

o seu poder de transformação e a sua tenacidade em alcançar a felicidade, a plenitude.

Assim vista, por conseguinte, a *sombra* transforma-se em árvore dadivosa, porque o medo (desgosto) do que se é torna-se superado pelo amor do que se deseja ser.

A batalha travada com a *sombra*, portanto, é contínua e se faz presente em todos os instantes da existência. Quando se ama, se respeita e se atende aos compromissos, a *sombra* perde, mas quando se reage, mantendo-se ressentimento, ódio, ciúme, sentimentos de amargura e de cólera assim como outros do mesmo gênero, a *sombra* triunfa...

O amor que edifica é vitória sobre a *sombra*, enquanto o tormento afetivo que trai é glória da *sombra*.

Quando se é reconhecido à vida, se agradece e se trabalha pelo progresso, a *sombra* é vencida, no entanto, quando se é desagradecido e soberbo, triunfa a *sombra*.

Desse modo, a *sombra densa das paixões inferiores* é o maior obstáculo psicológico à vivência da proposta da gratidão, responsável pela integração das duas partes do ser na sua realização unívoca.

O INCONSCIENTE COLETIVO E A GRATIDÃO

Diante de determinadas decisões, o ser consciente experimenta grande dificuldade em optar pela que seria a mais correta. Isso, porque o inconsciente coletivo encontra-se sobrecarregado de medos, recordações afligentes, impulsos não controlados, toda a herança do primarismo ancestral, mesclando as experiências gerais e as pessoais.

Tal ocorrência é resultado da *sombra* existente em a natureza de todas as criaturas.

Nas experiências da alegria como da tristeza, da harmonia como do desconserto, os grupos sociais podem compartilhá-las em razão do inconsciente coletivo, o que explica ocorrências funestas ou ditosas que sucedem simultaneamente em diferentes partes da Terra. É graças a esse comportamento que, em qualquer período, a *sombra* coletiva emerge do inconsciente coletivo – transmitida individualmente de pais para filhos, concomitantemente de um para outro grupo –, transformando-se em calamidade social.

Os vícios sociais, por exemplo: fumar e beber, as extravagâncias sexuais e o uso de drogas aditivas que invadem a sociedade, os jogos de *videogame* que se converteram em modismos, entre outros, tomam conta das massas de forma contagiante, como resultado do inconsciente coletivo, o que proporciona à *sombra* uma oportunidade de participar do fenômeno. Sem dúvida, ocorre de forma inconsciente e, por essa razão, manifesta-se automaticamente na sociedade, após irromper no indivíduo. As sociedades são estruturadas por acontecimentos e métodos pedagógicos de conduta infantil, quando se aprende a discernir o que é bom e o que é mau, de acordo com a cultura e a ética de cada grupo. Fosse a questão da *sombra* identificada desde a infância, quando se ensinaria a descobrir os impulsos que dela procedem, facultando ao educando a compreensão da própria fragilidade, dos erros, desculpando-se e corrigindo-se, esclarecendo-se que há sempre variações no comportamento, ora para o bem, ora para o mal, ficariam mais fáceis as condutas favoráveis à sociedade e a tudo quanto se lhe vincula.

A *sombra* ocorre no inconsciente coletivo pelo que se pode denominar como energias contrárias que caracterizam os terroristas, os criminosos em geral, como, por exemplo, Hitler, Alarico; assim também os bons cidadãos: Churchill, Santo Agostinho... Em realidade, a aversão e animosidade que se sustentam no exterior procedem do íntimo no qual se fazem aliadas. É como se fosse necessário que houvesse um opositor, um inimigo, para que se revele a pessoa que se é. Nas lutas, as mais sangrentas ou mais perversas, nas perseguições sociais sutis ou públicas, é que se desvelam os heróis, os santos, os mártires, em razão do lado sombrio que existe em todos.

O inconsciente coletivo registrou todo o processo da evolução do ser, desde quando o córtex cerebral se desenvolveu dando lugar ao surgimento das funções exteriores, dos conhecimentos abstratos, dos valores transcendentes como o amor e a misericórdia, o perdão e a caridade, a alegria e a compaixão desvelando o *Self.* As energias contrárias fomentaram o surgimento da *sombra* que, em razão do seu lado oposto, olvida a gratidão, criando embaraços para vivenciá-la, em razão da prepotência ancestral que vem do primarismo na escala evolutiva.

Numa análise mais cuidadosa, pode-se constatar que a evolução do ser humano é resultado mais da sua mente do que do seu cérebro físico, o que equivale a informar que o *Self* lhe é preexistente, existindo em adormecimento enquanto preparava os equipamentos para se desvelar, o que ainda ocorre no programa da conquista da individuação, em que os impulsos éticos e as conquistas iluminativas transcendem a capacidade física.

A gratidão é uma experiência moral, não cerebral, do *Self*, não do *ego*, porquanto o primeiro é de origem divina e o segundo, de natureza humana. Herdam-se os sentimentos – egoicos, geradores da *sombra* – como os sublimes, fomentadores do *Self*. Quando se odeia alguém, experiencia-se a *sombra* desconfiada de que o outro é que o odeia e deseja prejudicá-lo. Em mecanismo de defesa nasce, então, a animosidade. Quando se expressa o amor, o córtex proporciona bem-estar orgânico, ampliando as possibilidades de crescimento do *Self*, dando lugar à saúde.

Somente através do concurso do amor é que o sentimento da gratidão e da vida pode manifestar-se, e sendo vivenciado por alguém irá influenciar as futuras gerações por insculpir-se no inconsciente coletivo, destruindo o império dominador da *sombra*.

As pessoas que ainda se encontram no comportamento sensorial, fisiológico, à medida que despertam o *Self*, observam o mundo à sua volta de maneira completamente oposta ao que notavam, dominadas por luminosidade grandiosa, por belezas jamais vistas, por harmonia dantes não observada, pela brisa perfumada, alterando a realidade anterior da paisagem sombria, sem vitalidade, dominada por odores pútridos e por seres humanos que mais se semelhavam a animais estranhos... Isso somente ocorrerá se for possível superar os limites da *sombra* no inconsciente coletivo desconhecido, gerador de conflitos diversos, tais como *culpa* e *vergonha, julgamento, transferência, projeção, separação*, mediante os quais o *Self* estorcega sem possibilidades de vivenciar a plenitude. Indispensável a coragem para os enfrentamentos e a conscientização de que todos são débeis e erram, não se apoiando nas bengalas do desculpismo e do acanhamento, porquanto o processo de evolução é feito de sucessos e de insucessos, não se permitindo os julgamentos hediondos e oriundos do complexo de inferioridade, desprendendo-se das paixões inferiores às quais se aferra. Logo depois, conscientizando-se da necessidade de iluminação, o paciente terá que se desprender dos julgamentos de si mesmo e dos demais, passando ao trabalho de (re)construção dos equipamentos emocionais, deixando de refugiar-se na projeção da própria imagem nos outros, dando a cada qual o direito de ser feliz ou desventurado conforme sua eleição, sem inveja nem ciúme, sem mágoa nem amargura. Nesse ínterim, novas forças morais são somadas, e o paciente entra em contato com os sentimentos superiores, não separando, antes descobrindo a própria arrogância mascarada de humildade, a defensiva persistente para estar a favor e não armado contra, bem idealizando as demais criaturas com as imagens fortes da bondade divina. Logo se vai diluindo a *sombra*, e os preconceitos, os ciúmes, as inseguranças cedem lugar à ternura, à amizade, surgindo os pródromos da gratidão a tudo e a todos, até mesmo àquilo que, desagradável, é necessário no campo experimental das emoções.

O hábito da projeção leva à paranoia que se disfarça, ocultando a ansiedade asfixiante e profundamente enraizada no comportamento psicológico.

Não basta querer o bem, é imprescindível vivê-lo, aspirar pela paz, abrindo-se à paz, porque toda vez quando se combate a guerra, o mal, em realidade, é (interiormente) aquilo que se está apontando em situação oposta, projetando a *sombra*, o negativo oculto do comportamento.

É muito comum a projeção e a separação darem-se as mãos e agredirem os outros, quando se narram eventos constrangedores que eles praticaram, dando a impressão de estar-se aconselhando, orientando. Inconscientemente ou não, está-se censurando, embaraçando a pessoa, desforçando-se da sua superioridade, aquela que se lhe atribui.

Nessa conduta, a inveja desempenha um papel relevante, porque, filha especial da *sombra* ou sua promotora também, vivencia um prazer peculiar em desnudar o outro, em apontá-lo à censura dos demais.

Reconhecer, portanto, a negatividade existente em si é um dos primeiros passos para desmascarar-se a *sombra*, aceitando-lhe a presença, mas não conivindo com a sua existência.

Por outro lado, evitar a queixa que se propõe a ganhar compaixão e solidariedade, utilizando-se dela como auto-justificativa para permanecer na conduta morbosa, discernindo em torno dos valores possuídos com critério, constitui um passo decisivo na construção básica da gratidão. A gratidão que se deve ter à vida, na qual todos se encontram situados.

Um dos preciosos recursos para dar direito aos outros de se comportarem conforme estão é usar a compaixão, que é uma forma gratulatória de encarar a vida, porque o ato de a vivenciar em relação ao próximo é também maneira de beneficiar-se. A consciência ou *superego* sempre está vigilante e é necessário ouvir-lhe a argumentação, especialmente quando alguém se envolve em autojustificação. Ela sempre tem o valor independente de diluir as máscaras e mostrar o erro em que se permanece, como também avaliar com acerto o procedimento. É destituída de compaixão, empurrando o ser para possuí-la em relação ao outro, facultando sintonia com a misericórdia, com Deus. Quando se exerce, portanto, a compaixão, a consciência anui e compadece-se também, autossuperando-se e vitalizando o *Self.*

Na (re)construção dos seus equipamentos emocionais, devem-se abrir canais para a presença da gratidão, exercitando-a sem cessar e não permitindo que o inconsciente coletivo lhe crie obstáculos, tornando-a inexequível.

O SER MADURO PSICOLOGICAMENTE E A GRATIDÃO

À medida que os sentimentos superiores da alegria e da gratidão apossam-se do indivíduo, curam-se os males que o afligem no longo percurso da imaturidade psicológica, libertando-o dos conflitos que deterioram o comportamento, facultando-lhe aprofundamento da perspicácia, da sabedoria, da compreensão da vida e da sua finalidade.

Tudo quanto antes se lhe afigurava desafiador, ora se transformou em continente conquistado, logo se ampliando na direção do infinito por descobrir e incorporar ao patrimônio interno.

Os pruridos de melindres e as manifestações *de criança maltratada* encontram-se superados, e tomam-lhes os lugares a confiança em si próprio e o respeito pelos outros, a consciência dos atos. Vencendo as anteriores síndromes de desconforto íntimo, que agora facultam a espontânea alegria de viver e de lutar.

A calma substitui a ansiedade que antes era razão de desequilíbrio emocional, a bondade expressa-se de maneira natural, à semelhança de uma luz que se irradia sem alarde, e o indivíduo torna-se centro de convergência de interesses das demais pessoas.

O ser imaturo psicologicamente não venceu a infância que foi transferida para a idade adulta com toda a carga de conflitos não resolvidos que se manifestam no relacionamento, sempre escondendo a personalidade insegura e doentia.

A ambivalência do comportamento, desejar e não fazer, pensar e desistir, é o efeito imediato dessa imaturidade, expressando o não saber agir corretamente mesmo na área da afetividade.

Deverei dizer que amo? E se for incompreendido? – constitui um dos pensamentos de conduta ambivalente no ser imaturo, sempre postergando as atitudes psicológicas saudáveis, pelo medo da opinião alheia. Nada obstante, durante uma crise emocional, não tem pejo em declarar: *Eu detesto o mundo e não quero ver ninguém na minha frente!*

O processo de amadurecimento psicológico avança com a facilidade de expressar gratidão por tudo quanto sucedeu e tudo aquilo que venha a suceder em relação ao ser humano.

Ninguém é totalmente autossuficiente, exceto os narcisistas, que se consideram especiais na criação, o que significa imperiosa necessidade de parceria, de acompanhamento, de dependência, razão por que é um ser gregário desde os primórdios da evolução. Essa parceria e dependência,

Psicologia da gratidão

porém, estarão em nível de companheirismo, de trabalho de ajuda recíproca, de cooperação e não de submissão.

Oportunamente, duas crianças, respectivamente de 7 e 8 anos, caminhavam na direção da escola fundamental sem enunciarem uma palavra, cada qual no seu próprio mundo infantil. A mais velha estava em conflito muito grande porque não conseguia comunicação eficaz com os demais colegas, sendo discriminada pela sua origem humilde, pela cor da pele...

Pararam, antes de atravessarem a rua, porque o semáforo estava com o sinal vermelho. Ao mudá-lo para verde, ambas avançaram, mas a sacola abarrotada de livros e de cadernos do mais velho abriu-se e alguns deles caíram, obrigando-o a abaixar-se raivoso e buscar reuni-los outra vez. Nesse momento, o menorzinho, vendo-o em apuros, aproximou-se, abaixou-se também e perguntou-lhe, enquanto agia:

— Posso ajudá-lo? Eu gosto muito de você...

Os dois sorriram e foram conversando na direção da escola.

Passado um quarto de século, quando um cidadão afrodescendente atingiu o topo administrativo de uma grande empresa, sendo elogiado, afirmou no discurso de agradecimento:

— Eu devo a minha vida a um garotinho de 7 anos, que um dia me ajudou a guardar livros e cadernos que me haviam caído da sacola ao atravessar uma rua e disse que me queria bem... Naquele dia eu havia resolvido suicidar-me, mas o seu gesto inocente e jovial modificou totalmente a minha vida. A ele, pois, eu sempre agradeci haver sobrevivido, e agora agradeço novamente por haver chegado ao posto em que me encontro, e, por antecipação, por tudo mais de bom que me venha ou não a acontecer...

O sentido de parceria, de acompanhamento e de dependência no grupo social, não diz respeito aos conflitos e aos medos de crescimento, mas a uma necessidade de ajuda recíproca, de participação no grupo social, de vida em ação, de união de interesses em favor de todos e, por consequência, pela sociedade, pelo ecossistema, pela inefável alegria de viver.

Quando Confúcio enunciou a frase: *"Aja com bondade, mas não espere gratidão"*, procurou demonstrar que os sentimentos nobres devem estar revestidos de renúncia, sem os interesses imediatistas da compensação, do aplauso, da admiração dos outros.

A gratidão, por isso mesmo, tem um caráter de amadurecimento psicológico, porque aquele que assim age descobriu que tudo quanto lhe acontece depende de muitos que o auxiliaram a chegar ao lugar em que se encontra.

Quanto custa o ar puro da natureza, a água dos córregos e das fontes, a beleza da paisagem, o clima saudável? Quando o alimento vem à mesa, quantas pessoas participaram no anonimato de toda essa cadeia mantenedora da vida? A realização de uma viagem exitosa, quanto dependeu de pessoas e fatores que não foram observados pelo automatismo da existência? Tudo, enfim, que acontece se encontra vinculado à dependência de um a outro indivíduo ou circunstância que propiciaram esse momento.

Quantos acidentes, desencantos, enfermidades e mortes assinalaram existências que se entregaram às descobertas, à colonização dos países, às transformações que foram operadas

Psicologia da gratidão

para que se convertessem em comunidades felizes!? A todos esses anônimos, a gratidão deve ser oferecida com ternura e gentileza.

O amadurecimento psicológico elimina a negatividade teimosa do ser humano desconfiado e inseguro, que se permite sempre suspeitas de que mesmo a amizade se faz acompanhar de interesses subalternos daqueles que dão ou buscam a estima.

Assim sendo, um grande obstáculo à gratidão madura é o hábito de esperar-se resposta ao ato gentil, de aguardar-se que o outro, o beneficiário, reconheça o que recebeu e retribua. Eis aí uma forma sub-reptícia de narcisismo, quando se faz algo e se _exige_ gratidão, ficando-se decepcionado pela ausência dessa resposta, o que induz muitos ansiosos às atitudes infantis de que _nunca mais farão nada mais por ninguém, pois que não o merecem._

O sentimento da gratidão sempre deve estar desacompanhado da expectativa de qualquer forma de retribuição, nem mesmo sequer de um olhar ou de um sorriso, que expressariam reciprocidade. Havendo, é bem melhor, porque o outro igualmente se encontra em processo de amadurecimento psicológico e de contribuição valiosa à sociedade. Mas será uma exceção e não uma lei natural e constante.

Todo ato de generosidade, pela sua maneira de ser, dispensa gratulação e manifesta-se naturalmente. O amor aos filhos, aos cônjuges, os deveres para com eles e para com os outros são de natureza íntima de cada um, que se compraz em proceder de acordo com as regras do bem viver e não apenas do viver bem, cercado de coisas, de carinho, de compensações.

Essas atitudes são logo esquecidas, pois que, toda vez quando se espera reconhecimento, surge um encarceramento, por exemplo, no caso daquelas pessoas que asseveram que *vivem para outras: filhos, parceiros, amigos,* e que ficam desoladas quando estes alçam voos no rumo que lhes é o destino. A triste *síndrome do ninho vazio* em que se encarceram por prazer e por imaturidade psicológica induz os pacientes à amargura e ao desencanto por não receberem a compensação retributiva em relação ao que fizeram por interesse, não pelo prazer de realizá-lo.

Esse fenômeno é muito comum também no que tange aos labores enobrecedores que aguardam aprovação, recompensa da sociedade. Pessoas portadoras de alto nível de inteligência e de trabalho contribuem eficazmente em todos os setores do progresso social, por meio de descobrimentos, de invenções, de realizações grandiosas... No entanto, quando não são reconhecidas ou premiadas, mergulham na revolta ou no desânimo, na queixa ou na desistência de prosseguir, amarguradas e infelizes. Não são pessoas más, como é claro perceber-se, mas imaturas psicologicamente, vivenciando ainda o período dos elogios infantis, dos aplausos e dos comentários, dos *quinze minutos de holofotes,* mesmo que depois sofram o esquecimento, como é quase normal numa sociedade utilitarista como o é a hodierna. Embora disfarçado, encontra-se nesse caso o narcisismo, resultado de uma infância que não recebeu reconhecimento nem estímulos, nem entusiasmo nem acolhimento. O conflito defluente nasce na imaturidade psicológica.

Aqueles que assim procedem, em contrapartida, por mais que sejam bajulados, elogiados, aplaudidos, sempre

Psicologia da gratidão

têm sede de mais reconhecimento, dando lugar a um condicionamento que se poderia denominar como vício ou dependência de gratidão.

Quando não se recebe gratidão, não significa psicologicamente que a pessoa não é aceita, que é rejeitada. Tal ocorrência resulta igualmente de outros fatores psicológicos que dizem respeito aos demais, às circunstâncias, aos valores de cada cultura.

O ideal é viver-se em favor da gratidão mesmo sem a receber, valorizando o lado claridade da vida, as suas bênçãos e todos os contributos existenciais que nunca esperam receber aplauso.

Jesus, o *Homem-luz*, único ser que não tinha o lado *sombra*, maior exemplo de maturidade psicológica, fez da Sua uma vida dedicada à gratidão, pelo amor com que enriqueceu a Terra desde então, vivendo exclusivamente para o amor e o perdão, a misericórdia e a compaixão.

Recebeu, antes, pelo contrário, por todo o bem que fez, pelas fabulosas lições de sabedoria que legou à posteridade, a negação de um amigo, a traição de outro, que se arrependeram, certamente, a perseguição gratuita dos narcisistas e imaturos, temerosos e egotistas, a infâmia, o abandono, a exposição à ralé arbitrária, as chibatadas, a crucificação... mas retornou em triunfo de imortalidade, exaltando a vida e Deus em estado numinoso.

Jesus, o Homem-luz, *maior exemplo de maturidade psicológica, fez da Sua uma vida dedicada à gratidão, pelo amor com que enriqueceu a Terra desde então, vivendo exclusivamente para o amor e o perdão, a misericórdia e a compaixão.*

3
COMPROMISSOS DA GRATIDÃO

GRATIDÃO NA FAMÍLIA
GRATIDÃO NA CONVIVÊNCIA SOCIAL
GRATIDÃO PELA VIDA

No incomparável *Sermão da Montanha*, após o canto sublime das Bem-aventuranças, Jesus enunciou com sabedoria e vigor:

Amai aos vossos inimigos e orai pelos que vos perseguem, para que vos torneis filhos do vosso Pai que está nos céus, porque Ele faz nascer o seu Sol sobre maus e bons e faz chover sobre justos e injustos. (MATEUS, 5:44 e 45.)

A recomendação incomum proposta pelo psicólogo incomparável surpreende, ainda hoje, a todo aquele que mergulha o pensamento na reflexão em torno dos textos escriturísticos evocativos da Sua palavra.

A recomendação tradicional impunha o revide ao mal com equivalente mal, e ainda permanece essa conduta enferma em muitas legislações ensandecidas, impondo punições assinaladas pela crueldade em relação àqueles que são surpreendidos em erro, distanciadas da justiça e da reeducação do criminoso, que são fundamentais.

Nos relacionamentos familiares e sociais, profissionais e artísticos, como nos demais, a conduta retributiva é firmada na injusta conduta ancestral de antes d'Ele, e essa conduta permanece no inconsciente individual e coletivo, gerando graves transtornos pessoais e sociais.

Certamente, não se espera que o tratamento concedido ao perverso seja negligente em referência aos seus atos ignóbeis; o que não se deve é proceder de maneira equivalente, aplicando-lhe penas que são compatíveis com o seu nível primitivo de evolução, sendo lícito ensejar-lhe meios de reparar os danos causados, de recuperar-se perante as suas vítimas e a própria consciência, de reintegrar-se na sociedade...

Essa atitude, a de conceder-lhe oportunidade de agir com equilíbrio, é caracterizada pelo perdão às suas atitudes arbitrárias, sem conivência, porém, com o seu delito, mas também sem cerceamento da graça do amor que retira o criminoso da masmorra sem grades em que se encarcera, conduzindo-o à sociedade que foi ferida e aguarda-lhe a cooperação para ser cicatrizada, superando a sua hediondez.

De certa forma, a proposta de Jesus, no que concerne ao amor em retribuição ao mal, é também a maneira psicológica saudável da gratidão, pelo ensejar a vivência da abnegação e da caridade. Não implica silenciar o deslize que foi praticado, porém reconhecer que este proporciona o surgir e expandir-se os sentimentos superiores da compaixão e da misericórdia que devem viger nos indivíduos e nos grupos sociais.

A gratidão é a mais sutil psicoterapia para os males que se instalam na sociedade, constituída esta, em grande parte, por Espíritos enfermos.

Quando alguém consegue ofertá-la com espontaneidade e sem alarde, produz um clima psíquico de harmonia

Psicologia da gratidão

que o beneficia e aos demais que o cercam, porque não ressuma o morbo da revolta ou da queixa sistemática...

A gratidão deve transformar-se em hábito natural no comportamento maduro de todos os seres humanos. Para que seja conseguida, necessita de treinamento, de exercício diário, em razão da *sombra* vigilante que propele à conduta da distância, da indiferença ou mesmo da ingratidão.

O ingrato, além de imaturo psicológico, é vítima da inveja, da competitividade doentia, do primarismo evolutivo.

A ingratidão viceja nos grupamentos sociais onde predominam o egoísmo e a sordidez.

O grande desafio existencial é o de bem viver-se e não o do pressuposto viver-se bem, entulhado de coisas e ansioso por novas aquisições entre tormentos íntimos e desconfianças afligentes. Nesse sentido, é muito grata a recomendação de Jesus, conclamando ao amor mesmo em relação aos adversários, porque eles, sim, são os doentes, pois que elegeram as atitudes agressivas e destrutivas, acumulando resíduos de inconformismo e de ira, que terminam produzindo-lhes lamentáveis somatizações.

Quando se consegue não devolver o mal na sua idêntica e morbífica moeda, o *Self* exulta, e o seu eixo com o *ego* torna-se menor em distância separativa, proporcionando-lhe a diluição lenta das suas fixações. Entretanto, quando se consegue amar o adversário, recordá-lo sem ressentimento, compadecer-se da alienação a que se entrega, todo um contingente de arquétipos perturbadores cede lugar a emoções saudáveis, que proporcionam alegria de viver e de lutar, estimulando o crescimento interno e a sua contínua ascensão ideológica.

Não sendo vitalizado pelo rancor, o ódio autoconsome-se, não encontrando revide, a ofensa perde o seu significado, e não se retribuindo o equivalente mal que lhe foi direcionado, este desaparece.

Opor-se e resistir ao mal fortalece a energia deletéria que é enviada, porque proporciona ressonância vibratória e, no revide, recebe a potência da resposta. Não valorizar o mal nem lhe atribuir sentido é a maneira mais eficaz de culminar amando os agressores e os perversos.

Uma observação ligeira da natureza leciona a vigência da gratidão em toda parte.

A tempestade vergasta a terra e despedaça tudo quanto encontra ao alcance, semeando pavor e destruição. Logo que passa, a vida renova a paisagem, recompõe a flora e a fauna, restitui a beleza, num ato de *gratidão* à ocorrência agressiva.

O solo sulcado pela enxada bem acionada *agradece* ao lavrador que o feriu, reverdecendo, transformado e estuante de vida. Mesmo a erva má que medra no lugar também *agradece*, coroando-se de flores na quadra primaveril.

Nem sempre, porém, o ser humano consegue viver a psicologia da gratidão. Pode iniciar o dia em júbilo e gentileza, à medida, porém, que as horas passam e sucedem-se os incidentes no convívio familiar, no trânsito, no trabalho, passa a agir com impulsos agressivo-defensivos, seguindo a correnteza dos desesperados... Noutras vezes, antes de dormir encontra-se disposto e grato, exteriorizando alegria defluente das ocorrências. Apesar disso, fenômenos oníricos perturbadores, episódios de insônia, distúrbios gástricos tomam-

-no e, ao despertar, o mau humor assinala-o, tornando o seu dia desagradável e o seu comportamento irreconhecível.

É natural que assim ocorra. Passado, porém, o fenômeno perturbador, cumpre que se volva às atitudes gratulatórias anteriores, insistindo-se sem desânimo para automatizá-las, a fim de que permaneçam mesmo nos momentos desafiadores e desconfortáveis.

Há um arraigado hábito no ser humano de recordar-se dos insucessos, dos maus momentos, das contrariedades, das tristezas e das agressões sofridas em detrimento das muitas alegrias e benesses que são deixadas em plano secundário nos painéis da memória. Esse comportamento produz o ressumar do pessimismo, da queixa, do azedume, da depressão.

Uma reflexão rápida seria suficiente para transformar aqueles acontecimentos enfermiços, ricos de torpes evocações, em motivo de gratidão, pois que, inobstante as ocorrências desagradáveis, a existência modificou-se totalmente, sobreviveu-se a tudo, vieram êxitos, tiveram lugar experiências iluminativas, amizades gentis, sucederam fatos positivos dantes não esperados...

Gratidão, desse modo, por todos os acontecimentos, deve ser sempre a atitude mental e emocional de todos os seres humanos.

A estrada do êxito é pavimentada por equívocos e acertos, tropeços e corrigendas, sendo, no entanto, o mais importante a conquista do patamar almejado que cada qual tem em mente.

Perseverando-se e treinando-se gratidão, o sentido de liberdade e de infinito apossa-se do *Self* que se torna numinoso, portanto, pleno.

Gratidão na família

Acreditava-se que, em razão do grande desenvolvimento das ciências aliadas ao contributo tecnológico, o ser humano conseguiria, por fim, a harmonia e o crescimento moral. Nunca houve tantas conquistas intelectuais e atividades de natureza cultural com ampla gama de recreação como acontece hodiernamente.

O conforto e as facilidades oferecidas pelos instrumentos eletroeletrônicos facilitam a vida de bilhões de seres humanos, embora, lamentavelmente, grande fatia da Humanidade ainda se encontre mergulhada na miséria, ou abaixo da linha da pobreza, conforme se estabeleceu, padecendo escassez de pão, de vestuário, de medicamento, de trabalho, de educação, de dignidade...

Jamais houve tantos divertimentos e técnicas de lazer, assim como facilidades para os relacionamentos, para a fraternidade, para a harmonia entre as pessoas. No entanto, não é o que ocorre na sociedade terrestre, na qual campeiam a solidão, a ansiedade e o medo em caráter pandêmico. As enfermidades, resultantes das somatizações dos distúrbios psicológicos, desgastam incontável número de vítimas que se lhes tombam inermes nas malhas constritoras. É assustador o número dos transtornos de comportamento na área da afetividade, das doenças cardiovasculares, do câncer, apenas para citar algumas doenças mais assustadoras.

Desconfiado, em razão do medo que se lhe instala na emoção, o novo ser humano superconfortado refugia-se na solidão, mantendo comunicação com as demais pessoas por intermédio dos recursos virtuais, evitando o saudável contato corporal enriquecedor.

Os padrões ético-morais, em consequência, alteraram completamente as suas formulações e o vale-tudo assumiu--lhes o lugar, no qual têm prioridade o cinismo, o deboche, o despudor, a astúcia. A ânsia pela aquisição da fama amesquinha esse indivíduo intelectualizado, mas não moralizado, e inspira-o à assunção de qualquer conduta que o leve ao estrelato, à posição *top*, conforme os infelizes conceitos estabelecidos por outros líderes não menos atormentados.

A moral, a dignidade, o bem proceder tornaram-se condutas esdrúxulas, ultrapassados pelos expertos das fantasias do erotismo e da insensatez.

É necessário destacar-se no grupo social, ser motivo de admiração e de inveja, planar nas alturas, ser inacessível, estar cercado de admiradores e uma corte de bajuladores que detestam os ídolos que parecem admirar, lamentando não estarem no lugar deles, que os tratam com desdém e enfado...

No início, submetem-se a todas as exigências da futilidade para chamarem a atenção, e quando se tornam conhecidos, ocultam-se atrás de óculos escuros, perucas, fogem pelas portas dos fundos dos hotéis, a fim de se livrarem dos fanáticos que os aplaudem até o momento em que surgem outros mais alucinados e exóticos...

A anorexia e a bulimia instalam-se na juventude ansiosa que se submete aos absurdos programas de emagrecimento para conquistar a beleza física, recorrendo aos anabolizantes, aos implantes, às cirurgias perigosas, numa luta intérmina para alcançar as metas estabelecidas.

Nesse báratro, a família esfacelou-se, a comunhão doméstica transtornou-se, a *sombra* coletiva passou a dominar o santuário do lar e a desagregação substituiu a união.

Mães emocionalmente enfermas e imaturas disputam com as filhas os namorados, repetindo a tragédia de Electra, e pais saturados de gozo entregam-se ao adultério como forma de destaque no grupo social que os elege como dignos de admiração.

O desrespeito campeia, originando-se nos genitores que consideram a prole uma carga que lhes dificulta a mobilidade nas áreas insensatas do prazer ou como forma narcisista de exibição, aguardando que deem continuidade aos seus disparates ou expondo-a, desde muito cedo, em caricaturas de adultos nos programas de TV e de rádio, de teatro e de cinema, em lamentáveis processos de transferência frustrante dos próprios fracassos.

O *ego* destaca-se, perverso, em todos os cometimentos, e a ingratidão assinala a maneira de ser de cada um. Pensa-se exclusivamente no interesse pessoal, embora a prejuízo dos outros, e a competição desleal esfacela os relacionamentos, que se assinalam, com raríssimas exceções, trabalhados pela hipocrisia e pela animosidade maldisfarçada.

Nesse comenos, a traição, o descaso por aqueles que auxiliaram no começo da jornada, a ingratidão manifestam-se em escala assustadora.

A ingratidão, porém, é doença da alma que necessita de urgente tratamento nas suas nascentes.

O ingrato é alguém que perdeu o endereço da felicidade e, aturdido, deambula por caminhos equivocados.

Ninguém nasce grato, nem consegue a gratidão de um salto.

Aprende-se gratidão mediante a sua prática, que deve ser iniciada na família, essa sociedade em miniatura, na qual a afetividade manifesta-se com naturalidade.

A família não é apenas o grupamento doméstico, mas a reunião de Espíritos reencarnados com programa de evolução espiritual adrede estabelecido.

Perante a condição imposta pelas Leis da Vida, quase sempre não se possui a família na qual muito se gostaria de estar incluso, aquela constituída por pessoas afáveis e generosas, mas o renascimento dá-se ao lado dos Espíritos que se necessitam uns aos outros para o mister da evolução.

Muitas vezes, alguns núcleos familiares transformam-se em praças de guerra em contínuos combates, nos quais cada um reage contra o outro ou detesta-o, longe do compromisso de reabilitação e de identificação pessoal.

Certamente, é nesse difícil reduto que o Espírito deverá desenvolver-se, transformar os maus em bons sentimentos, exercitando a fraternidade e a gratidão.

Conseguir a prática da gratidão em relação aos familiares hostis constitui um desafio à *sombra* pessoal dominante no clã...

Nem sempre se conseguirá o melhor resultado, no entanto, criado o hábito de compreender o outro, tendo-o na condição de enfermo ou necessitado, transforma-se em método eficaz para o desiderato.

Quando se enfrentam obstáculos mais graves, mais amplas conquistas se assinalam, após vencidos.

No lar, essas dificuldades devem facultar o sentimento de gratidão pela oportunidade de ressarcir débitos anteriormente adquiridos, desenvolver a paciência, exercitar a tolerância e a compaixão, aprimorando o *Self.*

Do lar, os sentimentos de amizade e de compreensão distendem-se na direção da sociedade, que é a grande família na qual todos deverão unir-se para a construção da felicidade coletiva.

Quando, por acaso, os desafios apresentem-se quase insuportáveis, um poema de alegria deve ser entoado no íntimo daquele que se empenha pelo triunfo, aceitando as circunstâncias, às vezes perversas, alterando-as, uma a uma, para melhor.

Lutas desse porte elevam o ser humano à condição enobrecida de criatura integral, ajudando-a a desenvolver o *deus interno*, que necessita dos estímulos fortes, tanto interiores quanto externos para romper o casulo do *ego* e insculpir-se no *Self*.

Para o sucesso do empreendimento, o amor e a gratidão constituem as forças dinâmicas ao alcance do lutador.

Não existe ninguém que seja impermeável ao amor, a um gesto de bondade, à gratidão sincera.

Uma família gentil e harmônica, e existem incontáveis que o são, já é, em si mesma, um hino de louvor, de gratidão à vida. Mas aquela que é turbulenta e trabalhosa transforma-se no teste de resistência ao mal e a porta que se abre ao bem, aproveitando os inestimáveis valores oferecidos pela ciência assim como as bênçãos da tecnologia para instaurar na Terra, desde hoje, os pródromos do mundo melhor de amanhã.

Nenhuma *sombra* individual e coletiva que foi construída ao longo do processo evolutivo sobrevive, antes se integra mediante a gratidão no eixo do *Self* em equilíbrio.

Os resultados inevitáveis dessa conquista logo se manifestam: cura dos desajustes e das doenças, surgimento da saúde integral, da alegria de viver, do bem-estar, conquista do numinoso.

Psicologia da gratidão

A gratidão no lar anula o individualismo egoico, preservando a individualidade que alcançará a individuação.

Gratidão na convivência social

O processo antropológico da evolução lentamente retirou o ser humano do individualismo egoico para a parceria sexual por impulso do instinto, a fim de que, depois, em razão dos pródromos da afetividade biológica, tivesse origem o sentimento do grupo familiar envolvendo a prole.

A partir daí surgiram os mecanismos gregários para a construção do grupo social, formando a tribo em convivência harmônica, para que, através dos milênios, o instinto pudesse deixar-se iluminar pela razão, ampliando as afinidades no conjunto que seria a sociedade.

Mesmo nesse período tribal, a animosidade contra os demais grupos assinalava-lhe o primitivismo agressivo-defensivo. Foi muito lentamente que os interesses comuns uniram aqueles que mantinham as mesmas afinidades, dando lugar às primeiras experiências sociais.

A beligerância, no entanto, que lhe permanecia inata, desencadeava as guerras cruéis, qual sucede até hoje, demonstrando a predominância da *natureza animal sobre a natureza espiritual.*

A elaboração da sociedade resultou da necessidade de preservação de cada grupo, dos recursos e valores diversos, em tentativas de auxílios recíprocos, de sustentação dos seus membros, de crescimento econômico e cultural.

O *Self* em desenvolvimento foi superando a *sombra* coletiva, enquanto a individual começou a *cristalizar-se,* gerando a dualidade de comportamento: o eu opositor ao outro eu.

Animal gregário por excelência, a sua sobrevivência no planeta que o alberga depende do valioso contributo social, que o impulsiona ao desenvolvimento intelecto-moral, etapa a etapa através da esteira das reencarnações.

Alcançando o atual nível de cultura, de civilização e de tecnologia, o sentimento de gratidão pelas gerações passadas deve viger, ensejando a compreensão das conquistas do vir a ser.

A busca da sua plenitude propele-o à contínua luta pela superação dos vestígios do comportamento primitivo que ainda lhe remanescem no cerne, impedindo-lhe a autorrealização.

Os sentimentos, substituindo ou modificando os instintos agressivos, ampliam-lhe os horizontes em torno do sentido e do significado existencial, a fim de que possa crescer no rumo da plenitude.

Adquirindo a consciência individual, a razão indu-lo para a contribuição digna em favor da coletiva, ao tempo que trabalha pela incessante renovação e abandono das paisagens mentais em clichês viciosos que se lhe insculpirão, gerando os hábitos propiciadores à harmonia de conduta e à alegria de viver.

Teimosamente, a *sombra* mantém-no no egoísmo, encarcera-o nas paixões grosseiras, enquanto o *Self* se lhe opõe, dando lugar a uma batalha perturbadora que se transforma em conflito.

O despertar para a perfeita vitória sobre tais amarras não deve constituir meta afligente, a fim de que se consiga a pureza espiritual, a conduta irreprochável, a vivência

Psicologia da gratidão

destituída de problemas. É inevitável, conforme acentuam Kierkegaard, Paul Tillich, Rollo May e outros estudiosos da Psicologia Existencial assim como do *socialismo religioso*, que estejam presentes na psique e no comportamento do indivíduo a ansiedade, o medo, a culpa, a solidão... Heranças ancestrais da jornada evolutiva, esses transtornos permanecerão por longo período ainda até a libertação paulatina e a conquista da individuação.

Nesse sentido, merece especial atenção o corpo emocional do indivíduo, que se apresenta enfermo como decorrência da *sombra* que o leva a negar tudo quanto lhe pode modificar os hábitos para melhor, influenciando-o a permanecer na angústia devastadora ou na ansiedade, mantendo a culpa, consciente ou não, em atitude autopunitiva arbitrária. Da mesma forma como se reservam espaços para os cuidados com o corpo, torna-se indispensável que se cuide de preservar a serenidade do *Self* com silêncios interiores que propiciem a reflexão e a meditação, com diálogos salutares com a consciência, numa atitude de prece sem palavras, mantendo a vinculação com as fontes da vida.

Somente por meio desse hábito pessoal será possível superar as conjunturas negativas propiciadas pela *sombra*, sem entrar em luta renhida, assimilando as suas lições e diluindo aquelas que são perturbadoras para dar lugar ao bem-estar e à resistência para as atividades de autoiluminação e de convivência social nem sempre equilibrada.

Os interesses dos grupos humanos são muito variados, gerando constantes atritos e desgastes na área da emotividade, o que exige autocontrole, disciplina da vontade e espírito de paz, a fim de não entorpecer os valores éticos, os significados morais e objetivos da existência, deixando-se arrastar pelo aluvião de conflitos...

A saúde emocional é propiciadora da harmonia do *Self,* motivando à compreensão de que o processo de inserção na sociedade gera dificuldades e propõe desafios que melhor fazem o indivíduo crescer na direção da aspiração numinosa.

Mediante esse comportamento alteram-se as condições ambientais do planeta, tendo-se em vista que tudo quanto existe interage uma na outra expressão, formando a unidade.

O leve rociar da brisa num jardim liga-se a uma tormenta no lado oposto da Terra, assim como um pensamento de amor contribui para a sinfonia universal da harmonia cósmica.

Enquanto se estudam as melhores técnicas para deter e evitar-se os danos da devastação dos recursos planetários em extinção, a limitação da emissão de gases que contribuem para o lento aquecimento global, em razão também do envenenamento dos rios, das nascentes d'água, dos mares e dos oceanos, a morte e a ameaça de desaparecimento de vegetais e animais, que culminarão na do ser humano, merece reflexão a tenebrosa condição mental das criaturas humanas que se demoram nos descalabros morais e na crueldade.

As ambições desmedidas que têm conduzido a sociedade à conquista de contínuas tecnologias, sem pensar nos danos ocasionais que também causam à natureza, resultam nos milhares de fragmentos de satélites e de foguetes que se desintegram; e os que escapam do aniquilamento no contato com a atmosfera, atraídos pela gravidade do planeta, constituem na atualidade o terrível *lixo espacial* decorrente dos grandes engenhos do pensamento desarvorado sem as reflexões indispensáveis...

As providências que atualmente vêm sendo tomadas não têm efeito retroativo em relação ao que se encontra em volta da Terra e não é consumido na sua queda natural na superfície do planeta. Imaginou-se ingenuamente que tais fragmentos cairiam sempre nos mares e oceanos, assim mesmo poluindo-os, o que não se pôde confirmar, porque têm tombado em organizações urbanas, no campo e em toda parte...

Diante do quadro de *sombra* individual e coletiva que domina a sociedade moderna, a gratidão assume um papel relevante, porque iniciando na emoção superior no reduto doméstico, no próprio indivíduo e, por si mesmo, amplia-se na direção dos grupos sociais, considerando sempre tudo quanto a vida tem proporcionado gratuitamente sem nada pedir em volta, exceto que se mantenha o equilíbrio necessário para o prosseguimento do processo de evolução.

Desfrutam-se de mil favores e conquistas enquanto na vilegiatura carnal, sem nenhum sacrifício e sem nenhuma gratulação em torno do seu significado e das respostas oferecidas.

A gratidão social é a resposta do coração feliz pelas excelentes oportunidades de que frui durante toda a existência terrena.

Através dessa conduta, atenuam-se as competições malsãs entre os indivíduos e os grupos, as intrigas e as malquerenças, os ódios e os ressentimentos morbosos...

Reflexionando-se em torno do grupo social no qual se moureja, a gratidão enriquece o *Self* que absorve a *sombra* sem a antagonizar, e a plenitude se instala no ser humano.

Gratidão pela vida

A vida é um maravilhoso *milagre* do Universo.

Ínsita em todas as expressões imagináveis, é Lei de Amor funcionando no seu mais profundo significado.

Não importando a designação que se dê à sua fonte geradora, constitui o maior desafio à inteligência, especialmente no que diz respeito à sua finalidade quando alcança o esplendor no ser humano.

Havendo adquirido discernimento e razão, a vida se lhe corporifica nos cem trilhões de células do organismo, em incomparável mecanismo de harmonia e de interdependência, sob o controle da psique, em última análise, do *Self* original, do qual procedem todas as manifestações físicas.

Conseguindo, nessa fase, a capacidade de logicar, faculta-lhe penetrar nos antes insondáveis mistérios do Cosmo, no macro ou no micro, culminando na ideação, na percepção do abstrato, sobretudo nos sentimentos de amor, de ternura, de compaixão, de esperança e de alegria. As manifestações primárias lentamente são substituídas pela transcendência, e o *Si-mesmo* participa da elaboração do próprio destino assim como das ocorrências que lhe facultarão a conquista do infinito, nunca lhe permitindo retroceder ou permanecer em postura parasitária, inadequada ao processo da evolução.

A busca da plenitude revela-se-lhe como a máxima aspiração que deve ser tornada realidade. Nada obstante, a fim de consegui-la, fazem-se indispensáveis os instrumentos da vontade consciente e das necessidades prementes, superando as injunções da *sombra* que segue ao lado da claridade mental.

Psicologia da gratidão

A plenitude é a glória de ser-se o a que se está predestinado pela injunção da força criativa, independendo das coisas, e sim resultante da essência de que cada qual é único e deverá unir-se à inteligência cósmica, tornando-se realmente consciente da unidade universal.

A plenitude dilui e absorve a *sombra*, fazendo desaparecer todas as suas marcas ancestrais que dificultavam o processo de autoiluminação.

Ao lado disso, proporciona a cura real das mazelas antigas arquivadas no insondável do ser, no seu *corpo perispiritual,* encarregado de modelar as formas físicas e todos os equipamentos da sua fisiologia e da sua psicologia.

Recompondo o *corpo emocional* mediante a superação dos traumas, dos medos, da culpa, da ansiedade possível, traça novos mapas delineadores dos processos de desenvolvimento, expressando-se em harmonia e bem-estar, à medida que são alcançados os patamares elevados onde se encontra a sua destinação.

Dessa maneira, são vencidos os estresses, as desarmonias vibratórias, e facilitada a comunicação equilibrada de todas as células com as suas *memórias* ativadas, facultando a harmônica homeostase.

Embora desempenhando funções totalmente diversas, essas células, no seu circuito perfeito no organismo, trabalham em conjunto em favor do todo, sem exaltação ou timidez, em razão do controle da mente sobre o corpo.

Há sempre tentativas humanas para a boa vida, o que equivale a dizer o acúmulo de bens e de conforto, exigências do *ego*, em detrimento da vida boa e serena conforme anela o *Self.*

A busca, portanto, da transformação para melhor a cada instante é o hino de louvor e de gratidão à vida que se experiencia em consonância com a harmonia cósmica.

Nesse cometimento não ocorrem imediatas alterações significativas do ser, mas na maneira como vive, cada qual se mantendo na sua estrutura superior em contínua ascensão espiritual.

Afirma-se que o mundo é o resultado de contrastes, o que não deixa de ser verdade, pelo menos aparentemente. No entanto, são esses contrastes que promovem o raciocínio, impulsionam para as ações saudáveis, ajudam a desenvolver as faculdades sublimes do *Self,* pois que fosse ao contrário, tudo em ordem e igual, não haveria motivação nem razão para lutar pelo numinoso, alcançando-se um final degenerativo, sem significado, destituído de objetivo, por desconhecer-se o outro lado da ocorrência evolutiva.

A responsável pelos desafios e seus múltiplos aspectos é sempre a natureza, que arranca o indivíduo do estado de entorpecimento para o conduzir ao de lucidez. Em tudo estão presentes as duas faces: o claro e o escuro, o alto e o baixo, o *yang* e o *yin,* a tristeza e a alegria, o bem e o mal...

A oposição das forças no Universo responde pela existência dele mesmo, assim ocorrendo de maneira equivalente no cosmo humano.

A *sombra,* muitas vezes, disfarça-se e dá a ilusão de que se pode ser essencialmente bom, nobremente generoso, completamente afetuoso, sem máculas nem problema emocional. Essa façanha escraviza muitas pessoas desatentas, atraindo-as para o fanatismo religioso, racial, desportivo ou de qualquer outra natureza, gerando graves distúrbios de conduta e recalques de sentimentos. É normal e saudável deixar-se vivenciar por uma raiva momentânea, por uma tristeza justificada, por uma reação ante a agressividade, não se permitindo, no entanto, transformar esses fenômenos emocionais em estado generalizado de comportamento. Esses *transtornos* procedem da obscuridade ainda existente no ser que se vai libertando das injunções penosas para fruir o bem-estar, não importando a situação em que se encontre.

A *sombra,* dessa forma, não constitui um adversário perverso, mas um auxiliar no processo da autorrealização anelada, pois que a vitória sobre as circunstâncias, às vezes denominadas aziagas, faz-se responsável pelo equilíbrio emocional.

Muito se teme cair em erro, quando se trata de pessoa que aprendeu a discernir a verdade da impostura, a realidade da fantasia, a conquista em relação à perda... Não houvesse essa dicotomia, essa possibilidade, e o sentido existencial perderia o seu significado, porque tudo estaria pronto, terminado, levando ao tédio, ao desinteresse pela vida.

É indispensável que o lado favorável de todas as ocorrências esteja à frente, após a *sombra*, em convite fascinante que será atendido no momento oportuno.

Quem não tropeça jamais avança, porque todo caminho apresenta dificuldade e somente isso acontece a quem se encontra de pé, prosseguindo adiante.

Nesse sentido, torna-se indispensável procurar a harmonia entre o que se é e o que se aspira a ser, evitando que a raiz dos acontecimentos se encontre demasiado profunda, distante da sua capacidade de arrancá-la quando necessário.

O organismo sabe que necessita estar vivo e, para tanto, os órgãos funcionam dentro dos vários segmentos que se interligam, demonstrando o que se deve fazer em relação ao existir e ao Universo, ao ter e ao ser...

Desse modo, a consciência experimenta um contínuo despertar, um natural estado de lucidez que capacita o indivíduo ao contínuo labor, ao enfrentamento das dificuldades, porque sabe da fatalidade evolutiva a que está vinculada. Essa é a tarefa soberana do *Self*, que se expressa em gratidão.

Buscar, portanto, a transcendência constitui o móvel básico do despertar para a realidade e para a superação da *sombra*. A *sombra* dificilmente será derrotada, como se estivesse num campo de batalha com o *Self*, mas conquistada por ele, formando um conjunto de apoio à individuação.

Embora se tenha conhecimento dessa necessária atitude de *compaixão* em relação à *sombra*, uma certa indiferença assalta muitos lutadores que temem o empreendimento por lhes parecer impossível conseguir o êxito. Por outro lado, são acometidos por uma certa melancolia, em razão do hábito de viver o paradoxo do bem e do mal-estar, ao qual se está acostumado.

A dor, de certo modo, logra induzir o ser humano a essa atitude, com o objetivo de libertá-lo da sua pungente aflição, influenciando-o a lutar com destemor, sem pressa nem receio de perda. Nunca se perde a batalha pela plenitude, porque toda conquista representa um tesouro que se acumula a tudo quanto já se possui emocionalmente.

Quando alguém percebe que necessita conscientizar a *sombra* em gratidão à vida, logo se esboroam os planos perversos de manutenção da ignorância de *Si-mesmo*. Nesse cometimento, muitas vezes equivoca-se o pretendente à vitória, experimentando momentaneamente a predomi-

Psicologia da gratidão

nância do oposto, ao tempo em que, conseguida a primeira etapa, as demais se lhe tornam mais fáceis e edificantes, pelo imenso prazer que experimenta em cada conquista.

Todo indivíduo normal possui alguns conflitos básicos, como segurança e insegurança, amor e ódio, medo e coragem, aceitação e rejeição, alegria e tristeza. Quando é vencido um deles, logo surgem as perspectivas para a conquista do outro em contínuo esforço de autoaprimoramento.

Vivendo-se num caldo de cultura de violência, de sexo desajustado, de drogadição, de transtornos psicológicos de alta gravidade, as incertezas a respeito de tudo se fazem naturais, constituindo a trilha que deverá ser vencida para a integração no conjunto daqueles que adquiriram a plenitude.

Assim sendo, a gratidão pela vida em todas as formas como se apresenta, em cada indivíduo, é o sublime desiderato a alcançar, pleno e feliz por viver.

A tempestade vergasta a terra e despedaça tudo quanto encontra ao alcance, semeando pavor e destruição. Logo que passa, a vida renova a paisagem, recompõe a flora e a fauna, restitui a beleza, num ato de gratidão à ocorrência agressiva.

# 4

A CONQUISTA DA PLENITUDE PELA GRATIDÃO

EXERCÍCIO DA GRATIDÃO
APLICATIVOS GRATULATÓRIOS
RENDENDO-SE À GRATIDÃO

A psicologia da gratidão, de maneira alguma, pode ou deve eximir-se do estudo da transcendência do ser humano.

A quase infinita multiplicidade de caracteres e de identidades das criaturas fez surgir, a partir do século XIX, as diferentes correntes de psicoterapia, todas valiosas, enquanto não generalizem os seus postulados, estabelecendo conceitos e métodos psicoterapêuticos rígidos para o atendimento aos seus pacientes. Afinal, o grande êxito de qualquer recurso curativo está sempre vinculado ao esforço pessoal do enfermo, ao seu interesse pela recuperação da saúde e do bem-estar, oferecendo a sua indispensável contribuição, sem a qual os mais eficientes processos de auxílio, se não resultam inócuos, são de efêmera duração...

Toda generalização peca por produzir, quase sempre, fanatismo ou preconceito insano.

A Psicologia Clássica e as que surgiram em diferentes escolas de experimentação clínica têm o dever de considerar o ser humano além da dualidade corpo/mente, igualmente, a condição de Espírito imortal. Mesmo não aceitando a possibilidade da sua sobrevivência à morte orgânica, é compromisso científico o estudo de todas as variantes sem preconceito quanto à sua legitimidade. Isso, porque os pacientes procedem de todas as camadas culturais e sociais, religiosas e positivistas, crentes e não vinculadas a nenhum credo espiritualista... O resultado de tal procedimento será sempre positivo no auxílio à clientela de ansiosos e transtornados.

As pesquisas do magnetismo, por exemplo, assim como do hipnotismo, inicialmente combatidos com veemência, trouxeram, no último quartel do século XIX, em diferentes academias fixadas aos padrões do materialismo vigente, valiosa contribuição para a descoberta e o entendimento do subconsciente assim como, posteriormente, do inconsciente... Adstritos aos preconceitos vigentes, foram rotulados de imediato todos os fenômenos dessa procedência e, mais tarde, também os mediúnicos e anímicos, como psicopatologias: histeria, dissociação, epilepsia, alucinações, personalidades múltiplas e outras designações que não correspondem à realidade.

Em consequência, ante essa conclusão, médiuns e sensitivos de diferentes qualidades, por mais demonstrassem a interferência dos chamados mortos nas suas comunicações sob rigoroso controle de notáveis cientistas, foram considerados portadores de estados de consciência alterada, portanto, psicopatas...

O Dr. Pierre Janet, por exemplo, com a sua tese do *automatismo psicológico*, reduziu todos os fenômenos a personificações parasitárias, sendo recebida com aplauso por muitos dos seus pares.

De igual maneira, o Dr. Flournoy, estudando Hélène Smith e constatando a sua mediunidade, também recorreu a explicações incapazes de enquadrar com segurança os múltiplos fenômenos observados.

Frederic Myers, por sua vez, constatando a realidade da fenomenologia mediúnica, especialmente por meio da Sra. Newham, teve a coragem de afirmar que as comunicações não afetavam *o estado normal* das pessoas.

William James, o grande psicólogo pragmatista americano, havendo observado séria e longamente as comunicações mediúnicas da Sra. Piper, convenceu-se da sua realidade e asseverou que, para se demonstrar que *nem todos os corvos são negros, basta somente apresentar um corvo branco,* desanimando os exigentes incrédulos...

Com o advento da *Psicologia Transpessoal,* com Maslow, Grof, Kübler-Ross, Pierrakos e toda uma elite de psicólogos, psiquiatras, neurologistas e outros especialistas nos memoráveis seminários em Big Sur, na Califórnia (EUA), apresentaram-se mais amplas possibilidades de êxito na aplicação de psicoterapêuticas em pacientes portadores de obsessões espirituais, de traumas e culpas de existências passadas, abrindo espaço para procedimentos compatíveis com a psicogênese de cada transtorno...

Cada ser humano é um cosmo específico, cuja origem perde-se nos penetrais do infinito.

Transcendente, reflete as experiências vividas e acumuladas no inconsciente pessoal profundo, assim como registradas no inconsciente coletivo, produzindo os lamentáveis processos de alienação.

A *sombra* coletiva resultante do preconceito acadêmico reinante domina a sociedade, e um sentimento ressentido gera culpa e animosidade, violência e frustração, medo e solidão, tornando ingrato o cidadão que se deveria transformar em um archote de deslumbrante luz alterando a paisagem social e moral da Humanidade.

A perspectiva da transcendência oferece ao ser humano um significado igualmente grandioso, porque não encerra o seu ciclo evolutivo quando lhe sucede a morte.

Transferem-se as suas metas do círculo estreito da injunção corporal para a amplitude cósmica, prolongando-se indefinidamente.

O *ego* transitório nessa nova percepção modifica o comportamento ante a fascinante compreensão da imortalidade, e libera o *Self* da sua constrição afligente.

Essa visão imortalista igualmente produz o amadurecimento psicológico, enriquecendo o indivíduo de segurança moral, de identificação com a vida, superando as crises existenciais que já não o perturbam.

A ignorância a respeito do ser integral responde por muitos conflitos, tais como o medo, a ansiedade, a incerteza e a falta de objetivo existencial, desde que, de um para outro momento, a morte, ceifando a vida, tudo reduziria ao nada...

A transcendência, por sua vez, faculta o sentido de gratidão em todas as circunstâncias, proporcionando comportamento saudável, relacionamentos edificantes e inefável alegria de viver com os olhos postos no futuro promissor.

O homem e a mulher que se identificam imortais têm perspectivas de alcançar a plenitude, em razão da possibilidade inevitável de ressarcir erros, de reabilitar-se dos gravames praticados, de recomeçar e conseguir êxito nos empreendimentos que foram assinalados pelos fracassos.

Agradecer emocionalmente ser-se transcendente é autopsicoterapia de otimismo que liberta o Narciso interno da sua imagem irreal, diluindo a síndrome enganosa de Peter Pan, e responsabiliza para a conquista da individuação, em defluência do amadurecimento psicológico que resultará no estado numinoso.

Não mais doenças nem estados doentes no indivíduo que se encontrou a si mesmo, que se descobriu imortal e avança no rumo da sua plenitude.

Exercício da gratidão

Todas as conquistas do conhecimento e da experiência de vida resultam do treinamento, do exercício.

Quando o *Self* se encontra em desenvolvimento, as emoções ainda se fazem caracterizar pelas heranças do instinto, que se vão modificando lentamente, até alcançar os nobres patamares do amor e da gratidão. Não seja de estranhar que as condutas humanas durante esse processo apresentem-se afetadas pelo egotismo gerador da ingratidão. O indivíduo atribui-se méritos que não possui, e tudo quanto recebe considera como em consequência do seu valor. A permanência da *sombra* dificulta-lhe o discernimento, impondo-lhe situações embaraçosas e mesmo perversas. Esse trânsito de curso demorado vai se modificando à medida que as experiências edificantes vão se acumulando como resultado do treinamento, proporcionando lucidez para a compreensão da felicidade após a descoberta do significado existencial.

O único sentido, portanto, de ser humano propõe como foco primordial a emoção do amor que será alcançada. No *oceano* do amor, tudo se confunde em plenitude, logo, em superação do *ego* e dos arquétipos perturbadores.

Há necessidade imediata e inadiável de reservar-se espaço e tempo para o treinamento do perdão, tanto quanto das outras expressões do amor, a fim de se descobrir a alegria que, resultante de qualquer satisfação, seja um efeito do ato de amar.

Para que se possa alcançar esse desiderato, torna-se urgente o dever de mergulhar no *Self* para o encontro com a consciência, a princípio num monólogo e, depois, num diálogo edificante e iluminativo.

Jung estabeleceu cinco etapas no que diz respeito à aquisição da consciência, seu desenvolvimento no rumo da vitória plena.

A primeira etapa, que ele denomina como *participation mystique,* diz respeito à conquista da identificação entre a consciência do ser e tudo quanto se lhe refere, no entorno da sua existência. Acontece que se torna difícil existir no mundo sem que ocorra esse fenômeno de interdependência entre ele e o que se encontra à sua volta.

Nesse sentido, a identificação é muito variada, considerando-se aqueles que, ainda vitimados pelas sensações, permanecem vinculados aos objetos e vivenciam-nos, sorrindo

Psicologia da gratidão

ou sofrendo. Alguém se identifica e se apaixona pela casa em que mora, pelo instrumento de arte a que se dedica, pelo automóvel ou outro veículo qualquer, e passa a experimentar os sentimentos do *Si-mesmo* em relação a cada objeto. Outros se vinculam às suas famílias de igual maneira e experimentam sentimentos de introjeção e projeção, além da própria identificação.

Na segunda etapa, já se expressa a consciência que distingue o Eu e o outro. Ao alcançar esse período em que se pode diferenciar o sujeito do objeto, o *Self* que se é em relação ao do outro ser, passa a descobrir, a identificar as diversidades de que cada qual se constitui. Nessa fase, ainda permanecem os resquícios fortes da projeção no outro, mas que se vai diluindo e favorecendo a identidade.

Na terceira etapa, as projeções transferem-se para símbolos, lições, princípios éticos, facultando a compreensão do *abstrato*, como a realidade de Deus em alguma parte... O conceito vigente desse deus, quando punitivo ou compensador, representa a projeção transferida dos pais para algo mais transcendente ou até mesmo mitológico.

Na quarta etapa, tem lugar a superação das projeções, mesmo que assinaladas pela transcendência do abstrato e das ideias. Surge, então, o *centro vazio*, que poderíamos denominar como *o homem moderno em busca da sua alma*.

O utilitarismo e o interesse imediato tomam conta do indivíduo, como substitutos das anteriores projeções. Nesse comenos, há predominância do prazer e os desejos de fácil controle, podendo ocorrer, se não se permitem essas sensações-emoções, a queda em transtornos depressivos. Nesse mundo novo não existem conteúdos psíquicos, fazendo que cada qual se sinta *realista*. Esse é o momento em que o *ego* se sente como o próprio deus, capaz de fazer e concluir sempre de maneira pessoal a respeito de tudo quanto lhe concerne, selecionando o que é verdadeiro ou não, aquilo que merece consideração ou desprezo... Com tal comportamento egoico, não é difícil cometer equívocos lamentáveis, derivados da autopresunção, dos julgamentos precipitados a respeito dos demais, podendo tornar-se megalomaníaco. Perde-se o anterior controle das convenções sociais em relação aos demais indivíduos e aos padrões de comportamento aceitos e convencionados. Nem todas as pessoas, no entanto, no desenvolvimento da sua consciência, atingem essa etapa, permanecendo somente nas iniciais.

Por fim, na quinta etapa, quando já se encontra amadurecido psicologicamente, o indivíduo passa à reintegração da consciência com a inconsciência, descobrindo os próprios limites – do *ego* –, alcançando o que poderíamos denominar como uma fase de atualidade, conseguindo a *função transcendente e o símbolo unificador*. Livre dos arquétipos em imagens que caracterizam o *outro*, conforme a experiência da etapa anterior, a quarta, identifica os gloriosos poderes do inconsciente. Nessa fase de modernidade ou de atualidade, a consciência identifica a vida psíquica nas projeções, não mais compostas dos substratos materiais ou mesmo deles formadas, e sim a realidade de si mesma. O insigne mestre, no entanto, não se detém aí, e há momentos em que ele parece propor mais outras etapas, cabendo-nos deter nessas, mais compatíveis com os objetivos do nosso trabalho.

Psicologia da gratidão

Nessa fase em que a consciência identifica o inconsciente e fundem-se, surgem as aspirações do belo, do ideal, do uno, da individuação.

A fim de que seja lograda essa plenitude, o sentimento de gratidão à vida, a todos que contribuíram e contribuem para que o mundo seja melhor e as dificuldades sejam sanadas, que ofereceram sua ajuda no transcurso do desenvolvimento intelecto-moral, transforma-se num impulso para o estado numinoso, em que já não há *sombra*. Nada obstante, para culminar nesse desiderato, faz-se indispensável o treinamento constante, o exercício da gratidão.

A princípio, pode mesmo apresentar-se como um ato de dever, o de retribuição por tudo quanto se desfruta, sem que haja a presença do sentimento por falta de maturidade psicológica interior. O hábito, porém, que se formará irá estimular ao prosseguimento da valorização de todos os acontecimentos assim como das pessoas com as quais se convive, alargando a percepção de que esse sentido de fraternidade gentil e retributiva proporciona inefável alegria de viver.

Criado o estímulo gratulatório, tudo assume significado relevante, ensejando melhor entendimento a respeito dos acontecimentos existenciais, mesmo aqueles que se apresentam em forma de sofrimento, isto é, que têm momentâneo caráter afligente ou desagradável, que pode ser superado pelo empenho de ser-se útil, de compreender o esforço dos demais na construção do mundo melhor, entender-lhes os fracassos e os insistentes sacrifícios para corrigir-se...

Habitualmente, o julgamento a respeito da conduta dos outros, em especial análise quando se trata de questões perturbadoras contra alguém, logo se conclui de maneira equivocada, por certo, a manifestação da conduta do outro, de quem se lhe fez inamistoso, realizando uma projeção inconsciente dos seus próprios conflitos... Todos os indivíduos têm dificuldades de vencer as questões perturbadoras, especialmente quando procedem dos atavismos que se organizaram no passado por onde jornadearam. A tolerância, que é uma expressão de amizade inicial, facultará entender-se que não sendo fácil para si mesmo a mudança para melhor, não deve ser de maneira diferente quando se trata de outrem.

Tentando-se, embora com erros e acertos, o exercício da gratidão, momento chega em que o ser se enriquece do júbilo de ser gentil e agradecido, não apenas por palavras, mas principalmente por atitudes, tornando a existência agradável e, dessa maneira, ampliando o círculo de bem-estar em sua volta, mudando as paisagens emocionais desorganizadas.

A gratidão possui esse maravilhoso mister de transformar o mundo e tornar as pessoas mais belas e mais queridas.

APLICATIVOS GRATULATÓRIOS

Quando se pensa nos aplicativos gratulatórios, o arquétipo correspondente organiza a história dos acontecimentos para proporcionar um novo passo na conquista da consciência. Não se trata de uma aquisição convencional, mas da possibilidade de melhor entender-se a realidade. É

Psicologia da gratidão

uma forma de se reconhecer a grandeza da vida, sua beleza e seu significado.

É natural que surja uma certa nostalgia conceptual em torno da gratidão conforme a herança ancestral, devendo ser superada pelo sentimento de ser útil e de participar ativamente no processo de crescimento da sociedade como um todo assim como do indivíduo particularmente.

O ser humano é um cocriador dos reflexos da realidade na história da evolução moral e espiritual revelada num todo que, muitas vezes, apresenta-se nas paisagens do inconsciente como sonhos arquetípicos, que se transformam em desveladores das metas a serem alcançadas.

Todas as criaturas têm papéis de relevante importância a desempenhar no Universo, permitindo que a consciência reflita as ocorrências do Cosmo e logre introjetá-las na consciência individual, por fim na coletiva.

Herdeiro das experiências pessoais, o ser humano é convidado a crescer em cada etapa do seu processo de desenvolvimento ético-moral, experienciando pequenos valores que se transformam em significados profundos. É natural que se deseje produzir realizações de grande porte, capazes de provocar admiração, num processo de exaltação do *ego*, nada obstante, são aquelas de aparente pequeno valor que aprimoram o caráter e contribuem para a saúde emocional, por estarem mais vivas no dia a dia existencial de cada um e de todos em geral.

A solidariedade, por exemplo, que fascina as massas, quando exaltada na comunicação midiática, raramente é exercitada como aplicativo gratulatório, devendo ensejar o hábito de ser-se útil, de estar-se vigilante e lúcido sempre para ajudar, contribuindo em favor da mudança do *status quo* vigente para um patamar histórico e moral mais elevado.

Redescobrir a solidariedade, participando ativamente dos labores coletivos e auxiliando com os recursos da compreensão, da bondade e do entendimento fraternal em torno das deficiências dos outros e das dificuldades que são enfrentadas pela maioria, ainda na infância psicológica, é conduta relevante e de alta magnitude. Essa cooperação expressa-se mediante o interesse de tornar a existência na Terra mais feliz, diminuindo os nexos de atritos e de desconforto moral, social e econômico, através das pontes da gentileza e do auxílio de qualquer natureza que se pode colocar à disposição daquele que o necessita.

Esse esforço faculta consciência ao *ego* sobre a sua responsabilidade de superar a *sombra* e vincular-se ao *Self* em ação dinâmica portadora de edificações significativas. Tal conduta favorece o indivíduo com a alegria de viver, auxilia-o na libertação do estresse, evitando que tombe na neurastenia ou na depressão.

Exercitando-se o sentimento gratulatório, automatiza-se o comportamento que se fixa no inconsciente, passando a exteriorizar-se noutras oportunidades sem nenhum esforço.

A consciência objetiva (a psique) está sempre relacionada com a subjetividade do *ego*, sendo portanto imprevisível, enquanto o inconsciente com os estereótipos arquivados responde com significação esperada e que se deseja.

Ampliando o elenco da gratidão, vale considerar-se a ternura que vem perdendo espaço no comportamento dos indivíduos armados contra as ocorrências perturbadoras,

Psicologia da gratidão

e praticamente só é expressa nos relacionamentos mais íntimos, nos momentos de emoção afetiva especial entre os familiares e amigos mais próximos. A ternura, no entanto, deveria ser uma conduta natural, irradiando gentileza e prazer na convivência com tudo quanto cerca o indivíduo: a natureza e suas expressões, os seres humanos, mesmo aqueles inamistosos, que são atormentados pelos conflitos em que se facultam permanecer.

A ternura é resultado da cultura e da vivência das ações superiores do amor, que estabelece paradigmas de conduta enobrecedora, externando-se em curiosos fenômenos de simpatia e de generosidade.

Todos os seres necessitam do estímulo da ternura que mantém os relacionamentos nos momentos difíceis, as afeições quando se vão desgastando, interrompendo o fluxo da animosidade quando se apresenta.

Nas uniões sexuais, por exemplo, um dos fatores de futuros desentendimentos é a falta de ternura com que se relacionam os parceiros. Mais atraídos pelo prazer sexual, as pessoas quase não valorizam a convivência, porque são carentes afetivos interiores que esperam ser preenchidas pela outra, que também padece da mesma ausência de afetividade pessoal. Passadas as sensações do prazer valorizado, surgem os atritos dos solitários a dois, que se olvidam de ser solidários reciprocamente.

Não havendo a ternura que estreita os vínculos do amor entre aqueles que constituem a parceria, o gozo desfrutado é muito fugaz e dá lugar a aspirações diferentes, abrindo a mente a *sonhos* e ambições por outrem que lhe proporcione mais do que a febre do desejo e da realização rápida. Em consequência, nasce a insatisfação, a procura de alguém que seria o ideal mitológico da perfeição, sem a preocupação pessoal do que esse buscado com ansiedade também deseja.

Seria o caso comum de muitas pessoas que dizem estar aguardando o ser ideal para se lhes vincular, tendo em vista que essa é uma ambição generalizada. E como todos estão aguardando que seja o outro o preenchedor do seu vazio existencial, aumenta o número dos solitários e insatisfeitos em todo lugar, mesmo na multidão, na família, nas vinculações da afetividade apressada...

A ternura propõe a preocupação portadora de bem-estar, quando se pensa no outro, buscando a melhor maneira de fazê-lo feliz, mantendo a comunicação jovial, os toques afetuosos demonstrativos da necessidade da presença e da reciprocidade afetiva...

O tempo sem tempo de que todos se queixam na atualidade parece responsável pelas carências de toda ordem, quando em verdade é exatamente a ausência da afetividade que gera as fugas psicológicas, as transferências para as coisas e os lugares, aplicando a oportunidade útil em buscas e em atividades secundárias frustradoras.

É indispensável encarar-se a própria deficiência afetiva e procurar-se remontar às causas próximas e também remotas, reservando-se momentos para o autoexame da consciência, para a transcendência, para o encontro com o Si profundo.

Toda vez que a *sombra* mascara os sentimentos do indivíduo impedindo que a realidade assome, a fuga mantém-no encarcerado no conveniente, naquilo que gostaria de ser, empurrando-o para o medo de ser desvelado, gerando conflito totalmente desnecessário e de fácil eliminação, usando a coragem do discernimento para se assumir como se é, embora com limites e dificuldades, ou com as bênçãos e as realizações já conquistadas.

A *sombra* sempre vigilante está armada contra as aquisições novas, em mecanismo de autodefesa para a sobrevivência, ocultando-se no *ego*. Nunca será demais o cuidado para a identificar e trabalhá-la, diluindo a sua influência e libertando-se para assumir a própria realidade.

A gratidão contribui para essa batalha silenciosa que se trava na psique, porque oferece uma visão ampla do mundo, e profunda de todos aqueles que fazem parte do círculo das amizades humanas.

Rendendo-se à gratidão

Enquanto o sentimento da gratidão não consegue tornar-se natural, espraiando-se generoso, a maturidade psicológica do indivíduo apresenta-se aquém da meta que deve ser alcançada.

Considerando-se o impositivo de consegui-lo mediante o esforço moral bem-direcionado, o indivíduo aflige-se no tormento dos conflitos existenciais, valorizando as reações e comportamentos negativos da convivência social.

A sua ausência na agenda emocional traduz primarismo evolutivo, nada obstante a ingratidão significar inferioridade moral que requer terapêutica especializada e cuidadosa, qual ocorre com as enfermidades que sutilmente devoram as entranhas do ser humano.

O ingrato, por efeito, padece de ansiedade, de baixo nível de autoestima, de medo em relação aos enfrentamentos, sendo portador de complexo de inferioridade.

Quando é homenageado ou distinguido por afeições sinceras, ou mesmo mimoseado com algo, atormenta-se e, interiormente soberbo, silencia o sentimento gratulatório, demonstrando o transtorno distímico de que é vítima... Noutras vezes, experimenta mágoa ou desconforto emocional, acreditando-se credor de mais deferência, enquanto inconscientemente inveja o outro, o ser generoso e amigo que o busca dignificar.

Suspeita da lealdade de qualquer afeição, buscando motivos falsos para justificar-se, em razão da ausência de mérito que reconhece conscientemente, em verdadeiro paradoxo de conduta emocional.

Refugia-se numa aparência que disfarça os sentimentos, bloqueando as vias do relacionamento, mantendo atitudes agressivas e temerosas com que afasta as demais pessoas do seu círculo de amizade, aliás muito reduzido. Desse modo, compraz-se na solidão até o momento em que, supervalorizando-se, faz-se loquaz, importante, chamando a atenção para os seus títulos de destaque, após cuja catarse glamourosa, retorna ao mutismo, à conduta desagradável.

Noutras circunstâncias é gentil com os estranhos tendo por meta conquistá-los através de uma imagem bem projetada, sendo rude, logo depois de conseguido o objetivo.

Esses pacientes são encantadores fora do lar e verdadeiros verdugos domésticos de difícil convivência.

A *sombra* neles predomina e asfixia as manifestações do *Self,* de forma que se mantenham na postura de vítimas da sociedade, de indivíduos incompreendidos.

A gratidão é sentimento nobre que procede das profundas nascentes da psique.

Todas as decisões superiores que dignificam o ser humano e a vida exteriorizam-se do psiquismo – o *Self* – e são captadas pelo córtex posteromedial que transmite a mensagem por diversas redes neuronais, encarregadas de atender o impulso original, transformando-as em emoções de prazer, de felicidade.

Com uma lentidão de poucos segundos, atingem o ápice em relação às outras emoções que se expressam com maior celeridade na organização fisiológica.

Por essa razão, as emoções defluentes da gratidão constituem-se de bem-estar, de alegria, compensando as *despesas energéticas* decorrentes das neurotransmissões com ondas mentais harmoniosas e benéficas.

O hábito de ser grato, pela sua repetição, equilibra as descargas de adrenalina e de noradrenalina, ao tempo em que o cortisol mantém o controle dessas substâncias químicas, neutralizando os excessos que poderiam ocorrer, produzindo em consequência alterações glicêmicas, do ritmo cardíaco... como sucede com as emoções inferiores como a ira, o medo, a ansiedade, a mágoa...

Mediante reflexões sinceras pode o indivíduo render-se completamente à gratidão, evitando condutas agressivas e atitudes mentais pessimistas.

Nessa análise, descobre-se quanto se possui digno de reconhecimento e quão pouco se necessita para uma vida plena. O essencial encontra-se sempre ao alcance do ser em evolução, sendo o secundário resultado de desmedida ambição egoica.

Por meio desse enfoque podem-se identificar determinadas faltas e carências que são valorizadas, produzindo sofrimento, somente por falta de entendimento da sua finalidade. É o caso das enfermidades, das ocorrências malsucedidas, dos fenômenos ditos aziagos que fazem parte do processo de crescimento moral e espiritual, como consequências das ações transatas que lhes deram origem em existências pregressas.

Muitas vezes, uma decepção com alguém que é afeiçoado, em vez de ser um mal converte-se em um bem, porque o outro desvela-se, facultando melhor possibilidade de o entender além da *sombra* em que se oculta.

Insucessos de um momento, se bem administrados, transformam-se em lições de profunda sabedoria, libertando o *ego* da sua injunção afligente.

Tudo, em verdade, que acontece, mesmo produzindo sensações desagradáveis ou emoções desconsertantes, faz parte das experiências que promovem o ser humano, desde que se lhes compreenda a finalidade, expressando gratidão pela sua ocorrência. Não somente aquilo que proporciona prazer e sucesso que merece gratulação, mesmo porque o seu é um trânsito de breve curso como aqueles que respondem pela insatisfação e pelo momentâneo mal-estar...

A compreensão lúcida de que tudo tem um sentido moral e um significado psicológico relevante proporciona harmonia íntima, trabalhando pela superação de como se encontra, a fim de se alcançar a plenitude.

Psicologia da gratidão

Por outro lado, muitas existências aquinhoadas por admiráveis tesouros, como equilíbrio orgânico e saúde, beleza, prestígio social e recursos econômicos, atormentam-se em razão do excesso, tombando no tédio, nas fugas psicológicas que levam a naufrágios morais esses *privilegiados*.

Deparam-se, em consequência, duas posturas: aquela que se caracteriza pela carência, pelo sofrimento, pela falta de triunfos materiais, que proporcionam alegria quando bem administrados, e a outra, referta de valores preciosos, mas vazia de significado...

Indispensável, sem dúvida, a entrega irrestrita à gratidão, à vivência da alegria de aprender, à aquisição da saúde integral em marcha para a individuação, a perfeita integração do eixo *ego–Self*.

A psicologia da gratidão abre-se, então, num elenco de excelentes recursos propiciatórios para a felicidade do ser humano.

Momento chega em que o ser se enriquece do júbilo de ser gentil e agradecido, não apenas por palavras, mas principalmente por atitudes, tornando a existência agradável.
A gratidão torna o mundo e as pessoas mais belas e mais queridas.

5
A GRATIDÃO COMO ROTEIRO DE VIDA

O SER HUMANO PERANTE A SUA CONSCIÊNCIA
A BUSCA DO *SELF* COLETIVO MEDIANTE A GRATIDÃO
A GRATIDÃO E A PLENITUDE

Transitando por níveis diferentes de discernimento e de lucidez, a conquista da consciência constitui o grande desafio existencial. Pode-se afirmar, sem dúvida, que essa conquista pode ser transformada no sentido, no significado que se deve buscar, proposto por Jung, substituindo a ilusão da felicidade transitória, fugidia, qual se fosse uma delicada miragem que a realidade dilui ao contato direto quando se encontra praticamente ao alcance...

Em razão dos diferentes estágios de consciência fisiológica (comer, dormir, reproduzir-se) ou psicológica (comer, dormir, reproduzir-se e também pensar e agir com discernimento e segurança ético-moral), o sentimento de gratidão apresenta-se também sob a injunção da capacidade de compreender e de sentir o valor da existência terrena.

Em algumas culturas modernas, ainda existe o conceito machista e primário de que a gratidão é um sentimento feminino, não passando de uma emoção específica da mulher, que não deve ser cultivada pelo homem.

Nesse contexto, quando um homem expressa gratidão, dizem, ei-lo em conflito de sexualidade com predominância da *anima* no comportamento.

O homem, dentro dessa teoria ultrapassada, deve caracterizar-se pela força, entenda-se brutalidade, vigor de sentimentos e quase total ausência das emoções superiores da ternura, da bondade, da abnegação, sendo o sacrifício mais um gesto estoico e másculo do que a superior entrega ao ideal, ao sentido de viver.

Em consequência, essa natural manifestação da emotividade rica de amor é recalcada e desprezada, gerando culpa inconsciente pela instalação do seu oposto, que é a ingratidão.

Numa linguagem poética, a flor e o fruto, o lenho e a sombra são a *gratidão* da planta à bênção da vida.

A linfa generosa e refrescante é a *gratidão* da nascente *reconhecida* ao existir.

O grão que se permite triturar é a *gratidão* que nele se encontra para se transformar em pão e em dádiva de manutenção da vida.

Tudo em a natureza quanto é belo, nobre, fecundo e estético constitui a sua *gratidão* por fazer parte do espetáculo da vida.

Porque pensa e sente, o ser humano é constituído pelas emoções que, na fase primária, são agressivo-defensivas e, à medida que logra evoluir, transformam-se em reconhecimento e retribuição. Não se trata de uma devolução equivalente ao que foi recebido, como um pagamento pelo que se lhe ofereceu, mas uma emanação de alegria, de reconforto, pelo fruído e conseguido.

Psicologia da gratidão

Todo crescimento pessoal de natureza cultural, moral e espiritual deságua inevitavelmente no sentimento da gratidão, da oferta, da participação no conjunto, tornando-se o indivíduo igualmente útil e valioso.

A gratidão individual é uma nota harmônica a contribuir para a sinfonia universal, ampliando-se e tornando-se um sentimento coletivo que proporciona o equilíbrio social e espiritual da Humanidade.

Pensa-se muito em gratidão como instrumento de afeição, o que é correto, no entanto é muito maior o seu significado que deve transformar-se numa forma de viver-se, de entregar-se ao processo de crescimento interior, de realização do progresso.

Não basta, porém, desejar-se a gratidão como flor espontânea que medra em determinados momentos e logo emurchece.

Ela deve ser treinada, conforme já consideramos anteriormente, exercida como forma de comportamento, externando-se em todas as situações geradoras de alegria e de satisfação.

Normalmente, os portadores de transtornos de conduta, os psicóticos e todos aqueles que padecem de psicopatologias fazem-se ingratos, perdem o contato com a realidade dos sentimentos, e volvem ao primarismo egoísta e soberbo das atitudes negativas. É claro que as enfermidades desse porte, como resultado de problemas no arquipélago das neurocomunicações, apresentam carência de serotonina, de noradrenalina, de dopamina, amortecendo-lhes as emoções superiores e castrando as comunicações da afetividade. Tal ocorrência, no entanto, está atrelada ao estágio evolutivo do paciente, às suas construções mentais quando esteve saudável, aos mecanismos de ansiedade e de desconfiança, de fácil irritabilidade e enfado.

O exercício, portanto, da afeição que se gratula e se expressa de maneira gentil, enriquece a emotividade superior, empobrece o egoísmo e desenvolve o *Self* que se libera de algumas das imposições do *ego*, facilitando a comunicação no eixo entre ambos...

Nem sempre, porém, o indivíduo sente a gratidão, por motivos variados: infância infeliz, família turbulenta e difícil, relacionamentos malsucedidos, solidão, complexo de inferioridade ou de superioridade que embrutecem os sentimentos, desenvolvendo as ferramentas de autodefesa.

Isso não deve constituir motivo de preocupação. A simples constatação de que não se sente gratidão já é um forma de compreendê-la, de percebê-la em manifestação inicial. À medida que as emoções se expandem e o inter-relacionamento pessoal faculta a ampliação do convívio com outras pessoas, aparecem os pródromos do bem viver, da comunhão fraternal, do desinteresse imediatista em oposição às condutas doentias, surgindo espontaneamente o reconhecimento de amor e de ternura à vida e a tudo quanto existe.

Não havendo pessoa alguma que se possa apresentar como autossuficiente, portanto desvinculada de outrem, que não necessite do contributo das demais pessoas individualmente assim como da sociedade em geral, é inevitável que a busca de companhia, o descobrimento dos valores que existem nos outros, a grandeza moral de que muitos dão mostras excelentes despertem o sentimento de gratidão como retribuição mínima ao contexto social no qual se vive.

Psicologia da gratidão

A psicoterapia da gratidão, preventiva aos males e curadora de conflitos, está presente em todas as obras relevantes da Humanidade, seja naquelas de natureza filosófica ou religiosa, seja nos comportamentos dos grandes construtores da sociedade, mártires ou santos, pensadores ou místicos, legisladores ou profetas... Isso, porque ninguém consegue vincular-se a um ideal de engrandecimento pessoal e humanitário sem arrastar outros pela emoção do seu exemplo e da sua bondade para as fileiras da sua trajetória.

O sentimento da gratidão tem natureza psicológica e de imediato aciona o gatilho, sendo transformada em emoção e sensação orgânica.

Quando se experimenta o *sabor* da gratidão, aumenta-se o desejo de mais servir e melhor contribuir em favor do grupo social em que cada qual se encontra e da Humanidade em geral.

É inevitável, portanto, a presença da gratidão no cerne das vidas humanas.

O SER HUMANO PERANTE A SUA CONSCIÊNCIA

Desde o momento quando ocorreu a fissão da psique dando lugar ao surgimento dos arquétipos *ego* e *Self*, os pródromos da consciência começaram a ensaiar o despertamento das emoções de variado teor e significado psicológico.

As manifestações iniciais do medo e da ira abriram as possibilidades para as demais expressões dos sentimentos adormecidos, propondo a continuação dos instintos de conservação e de reprodução da vida orgânica, facultando a superação daqueles outros agressivo-defensivos, ou pelo menos o seu eficaz direcionamento, elegendo preferencialmente aqueles que proporcionam prazer e harmonia em detrimento daqueloutros que geram sofrimento e desequilíbrio...

A dor brutal do princípio começou a ceder às manifestações menos grosseiras, culminando na presença dos fenômenos morais afligentes que o conhecimento tem o dever de lenir, à medida que a consciência adquire os níveis superiores a que está destinada.

No Oriente, o discernimento que proporcionou o surgimento da consciência é encontrado na tradição do *Bhagavad Gita*, parte do *Mahabharata*, quando o mestre Krishna, dialogando com o discípulo Ardjuna, ajudou-o a penetrar na vida mística, especialmente na luta que deveria ser travada com destemor entre as virtudes (de pequeno número) e os vícios (muito mais numerosos), mediante a aplicação das forças nobres da consciência.

No judaísmo, surgiram os formosos vislumbres do bem e do mal, nos livros mais antigos dos profetas, especialmente em alguns daqueles que foram considerados heréticos a partir do Concílio de Niceia, no ano 325 d.C., convocado pelo imperador Constantino. Dentre esses destacamos o *Livro de Enoque*, em cujas lições Jesus teria encontrado apoio para o seu ministério, e os apóstolos João, Tiago, Lucas, nos Atos, e Paulo se inspirariam para a elaboração de preciosas páginas que aplicaram nas suas propostas evangélicas e epistolares...

A dualidade arquetípica da *sombra* e da luz apresenta-se então como Satã e Cristo, o *Ungido*, que vêm das veneradas tradições orais, detestado o primeiro pela sua perversão e maldade – o outro lado da psique, o lado que se procura ignorar –, e o Cristo – a luz da verdade, do bem, da plenitude...

No Ocidente, o pensamento socrático-platônico expressou-se de maneira equivalente, apresentando a virtude como consequência dos valores morais ante os vícios de todo porte que degradam, impedindo o desenvolvimento do *logos* interno inerente a todos os seres humanos...

Na esteira das sucessivas reencarnações, o Espírito aprimora os valores ético-morais e intelectuais, propiciando o desenvolvimento das faculdades da beleza, da estética, da arte em diversificadas manifestações que facultam a superação dos impulsos do primarismo pela espontânea eleição dos sentimentos morais elevados.

Vivenciando, em cada reencarnação, uma ou várias faculdades éticas, as suas variantes enriquecidas do bem sobrepõem-se às anteriores tendências, fixando os valores espirituais que culminarão na plenitude do ser.

Esses períodos, alguns assinalados por grandes turbulências emocionais, despertam a consciência do *ego* para o conhecimento do *Si-mesmo*, proporcionando-lhe compreender a finalidade da existência carnal.

À medida que supera os episódios vivenciados no pavor, dando lugar às manifestações da afetividade, a princípio em forma de posse e domínio, para depois em atitudes de renúncia pelo bem-estar do outro, a ampliação da consciência objetiva impulsiona o Espírito para as conquistas de natureza cósmica.

Nesse comenos, surge o nobre sentimento da gratidão com as suas mais simples expressões de júbilo pelo que se recebe da vida, e posteriormente pela necessidade de retribuir, libertando-se da posse enfermiça e da paixão desequilibrante, antes orquestradas pelo *ego* e pelo arquétipo *sombra*.

Sentindo essa doce emoção de agradecer, de imediato se é propelido para a cooperação edificante no grupo social para melhor e mais feliz, no qual a saúde real independe dos processos de desgastes pelas enfermidades ou pela senectude.

A consciência grata é risonha e saudável, predominando em qualquer idade somática do ser humano.

Comumente se encontram crianças e jovens com exuberância de saúde física, portadores, no entanto, de frieza dos sentimentos relevantes do afeto, ingratos, mudando de atitude somente quando estão em jogo os seus interesses imediatos de significado egotista. Simultaneamente se detectam os valores de enriquecimento gratulatório em anciãos e enfermos que, não obstante as circunstâncias e ocorrências orgânicas, tornam-se exemplos vivos de alegria, de luminosidade, de bem viver... Nem mesmo a aproximação da morte biológica aflige-os ou atemoriza-os, antes, pelo contrário, alegra-os em agradável anúncio de libertação que lhes enseja a individuação antes ou após o decesso tumular...

O sentimento de gratidão, portanto, não se deve apresentar exclusivamente quando tudo transcorre bem, quando os fenômenos psicossociais, emocionais e orgânicos encontram-se em clima de júbilo, mas também por ocasião das ocorrências denominadas como adversidades. Reagir-se de maneira grata aos sucessos de qualquer porte é perfeitamente normal e natural, e se assim não se procede é porque se é arrogante, soberbo, vivendo em conflitos desgastantes. O desafio à gratidão dá-se nos tempos difíceis, quando surgem as adversidades que são também parte do processo

Psicologia da gratidão

desafiador da evolução, porquanto nem sempre os céus humanos estarão adornados de astros, sendo todos convidados a atravessar a *noite escura da alma* com a luz do sentimento reconhecido a Deus pela oportunidade de experienciar novas maneiras de viver.

Normalmente, o sofrimento ceifa a gratidão e o indivíduo foge para a lamentação deplorável, para a autoacusação ou autojustificação, comparando-se com as demais pessoas que lhe parecem felizes e destituídas de qualquer inquietação.

De certo modo, sem as experiências dolorosas, ninguém pode avaliar aquelas que são enriquecedoras e benignas por falta de parâmetros de avaliação. Necessário nesses momentos mais difíceis liberar-se da raiva, da mágoa, evitando a ingratidão pelos bens armazenados e pelas horas felizes anteriormente vividas, continuando a amar a vida mesmo nessas circunstâncias indispensáveis.

O mito bíblico de Jó deve constituir modelo de aprendizado, em razão da sua coragem e gratidão a Deus mesmo quando tudo lhe fora retirado: rebanhos, servos e escravos, filhos e recursos financeiros, ficando em estado lamentável, porém sem revolta.

A lenda narra que aquilo fora resultado da interferência de Satanás, que lhe invejando a felicidade e o amor a Deus, propôs ao Criador que lhe retirasse tudo, e ele se revelaria como as demais criaturas, rebelde, ingrato e desnorteado.

Aceitando o repto proposto, o Senhor da Vida testou o afeto de Jó, cobrindo-o de chagas e de miséria, que reagiu de maneira oposta à *sombra*, mantendo-se fiel em todos os momentos e grato pelas provações, apesar da revolta da sua mulher...

Apenas perguntou:

— Por que eu?

E depois de muitas reflexões felizes concluiu que não existe o bem sem o mal, a felicidade sem o sofrimento, colocando Deus – o arquétipo primordial – acima de tudo e aceitando-Lhe as imposições sem revolta.

Em consequência, Deus demonstrou a Satanás que Jó lhe fora fiel no teste e devolveu-lhe tudo quanto lhe houvera tirado...

Dilatando-se a consciência enobrecida pela lucidez, os arquivos do *Self* liberam os arquétipos celestes, que procedem do primordial, e a gratidão também se torna o estado numinoso que enseja a conquista cósmica recomendada por Jesus como a instalação do *Reino dos céus* nos arcanos do coração.

A BUSCA DO *SELF* COLETIVO MEDIANTE A GRATIDÃO

A herança arquetípica da intolerância religiosa e alguma de origem científica a respeito das conquistas novas do pensamento deram lugar ao surgimento de muitos dos conflitos que afligem o ser humano, especialmente no que diz respeito ao seu comportamento neurótico. Castradoras e inconsequentes, essas doutrinas foram e prosseguem responsáveis pela geração da culpa e da autopunição como instrumentos de depuração pessoal, facultando o surgimento do *ego* neurótico.

Psicologia da gratidão

De igual maneira, o materialismo científico exacerbou na valorização do corpo, atribuindo-lhe necessidades que, em verdade, são transformadas em exigências doentias de comportamento que perturbam o processo normal de desenvolvimento das suas funções orgânicas e psicológicas. Nem se viver para o corpo ou deixar-se de o valorizar... O meio-termo é sempre o mais saudável, em vez de qualquer postura extremista.

Todas as pessoas são portadoras de necessidades de vário tipo, caracterizando o estágio evolutivo de cada uma. É natural, portanto, que se deseje a posse de valores que proporcionem bem-estar, a convivência social saudável, a afetividade enriquecedora, ao mesmo tempo em que possam ocorrer alguns fenômenos de tristeza, de amargura, de solidão, resultando em fugas da realidade sem danos psicológicos na sua estrutura íntima.

Indivíduos portadores de conflitos severos, sem a coragem para o autoenfrentamento, a fim de diluí-los nas experiências dos relacionamentos humanos, refugiaram-se no dogmatismo defluente da ignorância, para transferir suas inseguranças e angústias para os outros, proibindo a vivência da felicidade sob as justificativas de que a Terra é *um vale de lágrimas* ou *um lugar de desterro*, onde o sofrimento deve ser cultivado. Ao mesmo tempo, em razão das inquietações e frustrações sexuais, estabeleceram que o corpo é responsável pela perda do Espírito, firmando regras de autopunição, de flagelação, de masoquismo, submetendo-o, mediante mecanismos perversos, às exigências absurdas de condutas antinaturais, violentadoras do seu processo normal de desenvolvimento.

Conceitos infelizes e injustificáveis, portanto, transformaram-se em regras religiosas e algumas em imposições culturais, ditas científicas, punindo o indivíduo pelas suas necessidades biológicas e psicológicas, facultando graves transtornos na personalidade.

Porque é inviável a violência em relação às necessidades emocionais e orgânicas do ser humano, surgiram os mecanismos de fugas psicológicas e de hipocrisia, construindo enfermos do *Self* muito preocupados com o *ego*. Mais importante, por conseguinte, de ser autêntico, normal, em processo de crescimento, criou-se a máscara do parecer bem apesar das aflições internas e avassaladoras.

O que é grave nesse comportamento é o impositivo de *odiar-se o corpo* para salvar-se a alma, como se a dualidade não fosse resultado de uma interdependência na qual o Espírito é o responsável pelo pensamento, pelas aspirações, pelos sentimentos que a organização fisiológica expressa como necessidades que se transformam em prazeres.

Responsável pelo corpo em que se transita, o Espírito modela-o através do seu perispírito encarregado das experiências anteriores de outras existências, trabalhando-lhe as necessidades de acordo com a conduta e as ações felizes ou desditosas que naquela ocasião foram praticadas.

O sentimento de gratidão, em consequência, desaparece para dar lugar ao de desconforto pela vida física e de ressentimento pelos próprios fracassos, quando, em vez desse comportamento, a Terra é uma formidável escola de bênçãos, onde se vivenciam experiências em refazimento e outras em construção, avançando-se sempre no rumo da plenitude.

Psicologia da gratidão

Toda pessoa normal sente desejo de amar e de ser amada, de ambicionar e de conquistar valores que lhe traduzam o estágio de evolução intelecto-moral, de sorrir e de chorar, como fenômenos comuns do dia a dia.

Não existem pessoas destituídas desses anelos, exceto quando transitam por dolorosos transtornos psicóticos que lhes invalidam o discernimento e a capacidade de compreender.

O importante é a maneira como se aspira e o nível de equilíbrio que deve ser tido em conta, evitando-se qualquer abuso ou excesso defluentes da insatisfação neurótica.

É fenômeno normal o desejo de ser aceito no grupo social e benquisto onde se encontre, sem nenhum prejuízo para a sua evolução moral, antes, pelo contrário, constituindo um estímulo para o desenvolvimento dos valores adormecidos.

Quando o *ego* se neurotiza, manifestam-se os transtornos que são frutos espúrios dos fenômenos castradores, como falar demais ou não dizer nada, viver sempre em luta pelo poder ou desinteressar-se totalmente de qualquer aspiração, aguardar a afetividade dos outros sem o empenho por se doar às demais pessoas, falsas condutas de autovalorização em detrimento daqueles que constituem o núcleo familiar ou social.

O mais grave nessa conduta é a maneira como são exteriorizadas as manifestações do *ego* neurótico.

Algumas pessoas apresentam-se agressivas, desvelando-se com facilidade, impondo-se sobre os outros, não ocultando os conflitos em que se debatem, enquanto outras, mais hábeis e dissimuladoras, sabem como manipular o próximo e parecer vítimas das incompreensões, cultivando a autocompaixão e dando lugar a desarmonias onde quer que se encontrem.

As variantes dessas manifestações neuróticas são várias formas de expressar-se, exigindo de todos cuidados especiais nos relacionamentos, a fim de se evitar conflitos mais graves, porquanto os pacientes dessa natureza encontram-se sempre armados contra, em mecanismo contínuo de defesa como se estivessem ameaçados exteriormente...

Apesar desses impositivos ancestrais e dessas heranças culturais perturbadoras, o *Self* pessoal intui o melhor caminho a percorrer e despreza os tormentos neuróticos do *ego*, abrindo espaço para a compreensão da finalidade da existência que deve ser cultivada com alegria, mesmo nos momentos de desafios e de dificuldades, ampliando a sua faixa de realização até se mesclar no painel coletivo em forma de gratidão pela vida.

À medida que o *Self* se resolve por desmascarar o *ego* neurótico e propõe-se à diluição dos seus conflitos, modifica-se a realidade no paciente, que passa a conviver melhor com as próprias dificuldades, compreendendo que lhe cabe realizar uma análise mais cuidadosa a respeito da conduta pessoal e social, que não podem ser corretas desde que se expressam em sentido contrário à correnteza, isto é, ao *modus vivendi* da sociedade.

Lentamente, o indivíduo, nesse comenos, percebe quantos valores positivos se lhe encontram presentes no imo, aprendendo a respeitar a vida e as suas conjunturas com alegria, modificando uma que outra circunstância ou realização, ao mesmo tempo descobrindo a bênção da gratidão por tudo quanto lhe acontece e frui, ampliando-se em direção à sociedade.

O *Self* coletivo enseja-lhe adaptação dentro do seu contexto e, sem a perda da identidade e das conquistas, mantém-se feliz por compreender a utilidade da sua existência em relação a outras vidas e ao conjunto cósmico.

Ninguém que se possa eximir dessa fantástica percepção, que enriquece da saudável alegria de lutar e de perseverar nos ideais que promovem o bem-estar coletivo e a felicidade de todos.

Nesse imenso *oceano* de graças, o Espírito descobre quanto é importante a sua contribuição em favor do conjunto e como é necessário que processe a própria evolução.

Inevitavelmente, a pouco e pouco, os complexos de inferioridade, os transtornos de comportamento, os conflitos arquetípicos cedem lugar ao *ego* equilibrado sob saudável administração do *Self*, estruturando a nova sociedade do porvir.

É nesse momento que a gratidão ilumina interiormente o ser humano e torna-o elemento valioso no conjunto espiritual da Humanidade.

A GRATIDÃO E A PLENITUDE

É natural que se anele pela plenitude, que representa superação do sofrimento, da angústia, da ansiedade e da culpa, significando o encontro com a consciência ilibada, que sabe conduzir o carro orgânico no destino certo da iluminação. Nada obstante, ninguém se pode libertar totalmente dos atavismos, sem adquirir novos hábitos, especialmente das heranças mitológicas que o vinculam de alguma forma à condição de humanidade, portanto estando sempre sujeito a aflições e a todas as injunções do veículo carnal.

Pensar-se em plenitude como ausência de inquietações é ambição utópica, desde que a própria condição de transitoriedade do carro orgânico faz compreender-se o fenômeno do seu desgaste, da degeneração que lhe é própria, das alterações e mudanças de constituição, produzindo mal-estar, dores e psicologicamente ansiedade, melancolia, inquietação.

A plenitude é o estado de harmonia entre as manifestações psíquicas, emocionais e orgânicas resultantes do perfeito entrosamento da mente, do *Self* que também possui alguma forma de *sombra*, com o *ego*, integrando-se sem luta, a fim de ser readquirida a unidade.

Essa conquista numinosa, resultado da aquisição da autoconsciência, liberta o sentimento de gratidão que faz parte da individuação, produzindo uma aura de mirífica luz em torno do ser vitorioso sobre si mesmo.

O ato de alcançar esse estado psicológico de autointegração faculta a perspectiva de uma expansão da consciência na direção da Divindade, de onde procede e para onde retorna, sempre que encerra um dos inumeráveis ciclos da aprendizagem terrena.

É natural, portanto, que a jornada humana seja caracterizada pelos experimentos psíquicos de desenvolvimento do *deus interno*, a que já nos referimos, e da libertação das síndromes que se transformam em bengalas psicológicas para justificar o não crescimento interior, a permanência na queixa, no azedume, na paralisia emocional em que se compraz em mecanismo infeliz de masoquismo.

Psicologia da gratidão

O Espírito está fadado à plenitude desde quando criado por Deus *simples e ignorante*. *Simples*, porque destituído das complexidades do conhecimento, da razão, do discernimento, da lógica, da evolução. *Ignorante*, em razão do predomínio da *sombra* no *Self* e da ausência dos recursos intelecto-morais que o engrandecem como efeito do esforço pessoal na conquista dos valores que lhe estão ao alcance.

Natural, desse modo, que ocorram conflitos constantes, caracterizados por momentos de coragem e de desencanto, por anseios de crescimento e temores das conquistas libertadoras, por dúvidas e melancolia...

A *sombra* acompanha inevitavelmente o ser humano enquanto ele se encontra no processo da autoiluminação, cedendo lugar à harmonia quando ocorre a libertação da matéria.

Segundo o historiador grego Heródoto de Halicarnasso, Sólon, o nobre filósofo, dialogando com o rei Creso, da Lídia, tido como o homem mais rico do mundo no seu tempo, que se considerando feliz pelos tesouros amealhados, após apresentá-los ao sábio, indagou-lhe, eufórico, qual seria na sua opinião o homem mais ditoso do planeta. E porque o gênio ateniense tivesse informado que havia conhecido um jovem de nome Télus, que se notabilizou em Atenas pela nobreza de caráter e pela abnegação, a quem assim o considerava, o monarca soberbo voltou à carga com nova indagação:

— E, na sua opinião, qual é o segundo homem mais feliz do mundo? – acreditando que seria citado como exemplo, sofreu novo constrangimento ante a resposta do eminente convidado, que informou ter conhecido dois irmãos que cuidavam da própria genitora e, quando esta desencarnou, dedicaram a preciosa existência a servir à cidade-Estado. Creso não pôde mais sopitar o desencanto e tornou-se inamistoso com o convidado, realmente mais sábio daquela época.

Sólon manteve-se tranquilo e, no momento da despedida, disse-lhe:

— Rei, ninguém pode afirmar-vos se sois feliz, senão depois da vossa morte, porque são muitos os incidentes e ocorrências que modificam os transitórios estados emocionais e econômicos de todas as criaturas...

De fato, mais tarde, após a morte do filho Actis, em circunstâncias trágicas, e a destruição do seu país que sucumbiu às tropas de Ciro, o Grande, da Pérsia, vendo Sardes, a capital da Lídia, ardendo, e todos os tesouros nas mãos dos invasores, ele concordou com Sólon, e proclamou no poste em que seria queimado vivo:

— Oh! Sólon! Oh! Sólon, como tinhas razão!

Ouvido por Ciro, o conquistador, que também amava Sólon, o filósofo, perguntou-lhe a razão pela qual se referia ao nobre sábio, e, após narrar a experiência, teve a vida poupada, tornando-se seu auxiliar no controle dos bens e educador de Cambises, seu filho...

A transitoriedade dos valores materiais, inclusive da argamassa celular, torna o Espírito reencarnado vulnerável às injunções normais da existência física.

Creso, pioneiro da fundição de moedas de ouro, possuidor de imensa fortuna em ouro trazida pelas águas do rio Pactolo, que dividia a capital da Lídia, não se deu conta de ser grato à vida, pensando somente em acumular, embora vitimado pelas circunstâncias, em haver sido pai de um surdo-mudo e o seu herdeiro haver experimentado

Psicologia da gratidão

uma desencarnação trágica, varado pela lança atirada pelo seu amigo Adasto, filho do rei Midas, da Frígia...

O que se tem é adorno, sendo indispensável considerar-se psicologicamente o que se faz, o que se é, e tudo aquilo que se trabalha interiormente transformar em gratidão pela existência, pela oportunidade de autoiluminação.

Embora a fortuna colossal, Creso não era realmente feliz, pois que não pôde evitar o nascimento do filho limitado nem a morte do herdeiro amado e, muito menos, a invasão e destruição do seu reino. No entanto, quando se permitiu a humildade de reconhecer que Sólon tinha razão, pôde ter a sua e a vida dos familiares poupadas da morte hedionda que sempre é reservada aos vencidos.

Ainda merece consideração a frase de Ciro, ao libertar o rei e família vencidos:

— Desejo que se anote a minha generosidade, pois que, se algum dia eu vier a cair vitimado em alguma batalha, espero que se use da mesma misericórdia para comigo, conforme a uso para com ele [Creso].

São os valores morais, as conquistas espirituais que respondem pela gratidão que resulta de todas as oportunidades de crescimento e de valorização da existência, enriquecendo o ser humano de generosidade, a filha dileta da sabedoria de viver.

Aquele que é grato, que sabe reconhecer a própria pequenez ante a grandeza da vida, faz-se pleno e feliz.

Os valores morais, as conquistas espirituais respondem pela gratidão que resulta de todas as oportunidades de crescimento e de valorização da existência, enriquecendo o ser humano de generosidade, a filha dileta da sabedoria de viver.

6

A GRATIDÃO COMO RECURSO PARA A AQUISIÇÃO DA PAZ

HERANÇAS AFLIGENTES
CONFLITOS EXISTENCIAIS E FUGAS PSICOLÓGICAS
AUTORREALIZAÇÃO E PAZ

Uma existência sem a presença de um significado psicológico é vazia e destituída de motivação para ser experienciada, e nenhum ser humano a suporta, e, quando nela se movimenta, normalmente naufraga na busca de soluções que não possuem conteúdos libertadores.

O Espírito foi criado para alcançar o infinito e possuir a sabedoria superior que o transforma em arcanjo...

A caminhada, às vezes dolorosa, pela escola terrestre faz lembrar o diamante bruto que é submetido à remoção da ganga, a fim de poder brilhar como uma estrela em que se transforma.

Nas *vidas vazias*, aquelas que não têm objetivos psicológicos, há muito espaço para a inquietação e a desconfiança, o autodesprezo e o ressentimento, o acolhimento dos transtornos da emoção e dos desequilíbrios da mente, pela ausência de significado existencial.

Essa ocorrência é facilmente identificada nos indivíduos solitários ou não, sempre caracterizados por imensa necessidade de conquistar coisas externas e de projetar a imagem, porque o ser real encontra-se incompleto, inseguro, sem estímulo para continuar a jornada.

Premidos pelas circunstâncias amargas a prosseguirem no veículo físico, buscam os jogos dos prazeres exaustivos ou partem para as experiências perigosas a que submetem o *Self*, em desafios que quase sempre resultam em fracassos, quando não em mortes destituídas de dignidade. Entre eles encontram-se alguns dos desportistas radicais, que pretendem chamar a atenção para a *coragem*, que bem pode significar desamor à existência e zombaria ao bom senso e à precaução; ou, sob a ação exasperada da adrenalina, esquecem-se de si mesmos, transferindo-se para o aplauso em que se irão destacar, demonstrando aos demais a sua *superioridade*.

Igualmente se entregam a competições nas quais pretendem sempre ultrapassar os limites anteriores, como novos deuses, dominados pelos mitos das personagens de *quadrinhos*, que se transformam em heróis do absurdo, revivendo aqueloutros adormecidos no recesso do inconsciente coletivo...

O ser humano saudável é cauto, vivendo dentro dos padrões éticos que conferem o bem-estar e a alegria existencial. A sua coragem não é medida pelo destemor e pela busca do perigo, mas pela resistência que oferece às circunstâncias perturbadoras, permanecendo sempre digno e lutando tranquilo.

Sente-se afortunado pela harmonia de que desfruta no eixo emoção/psique e no apoio aos equipamentos físicos de que se utiliza para o crescimento interior e para a vitória sobre as heranças prejudiciais que lhe permanecem no comportamento.

Psicologia da gratidão

Em razão da harmonia que vibra na sua existência, é rico de alegria e de objetivos edificantes, proporcionando-se satisfação pela oportunidade que desfruta, igualmente contribuindo em favor da comunidade onde se encontra, a fim de torná-la sempre melhor.

O sentimento de gratidão é-lhe uma condição natural, pois que sabe valorizar tudo quanto lhe chega, sendo abençoado pelas facilidades ou mediante os sofrimentos que, eventualmente, o alcançam. Isso, porque o bem-estar não se restringe apenas às questões agradáveis e proporcionadoras de júbilo, mas também àquelas de preocupação e de análise das variadas conjunturas do processo humano em desenvolvimento.

O apóstolo Paulo, por exemplo, afirmava que se comportava da mesma forma, quer estivesse coroado de alegrias, quer experimentasse o cárcere e a provação... Isso, porque o sentido psicológico da sua vida era servir a Jesus, e onde se encontrasse, conforme estivesse, nada lhe constituía impedimento para prosseguir na vivência do seu significado emocional. Na alegria, demonstrava gratidão pelas bênçãos, e na dor, ainda agradecia por poder confirmar a grandeza da sua fé e da sua entrega.

Quem somente espera frutos saudáveis da árvore da vida ainda não aprendeu a viver, desconhecendo que as ocorrências variadas, todas elas, fazem parte do esquema existencial.

Pessoas existem que nem sequer agradecem as dádivas que lhes são oferecidas, permanecendo sempre queixosas, insatisfeitas, insaciáveis, porque é baixa a sua capacidade de autoestima, dessa maneira fugindo para a situação egotista. Outras sempre agradecem todas as alegrias que fruem, mas se olvidam de expressar a gratidão ante os embaraços que não sucederam, os insucessos que não aconteceram... E outras ainda existem que sabem agradecer a alegria que vivenciam, as dificuldades que não se tornaram impedimento às realizações edificantes e as dores que as alcançam, elucidando que tal acontecimento encontra-se incurso na *Lei de Causa e Efeito*, porquanto somente lhes acontece o que é de melhor para o seu processo de evolução. Assim procedem porque sabem da justiça que se encontra embutida em todos os mecanismos do desenvolvimento espiritual e moral de cada um.

Quando se aprender a agradecer e a louvar, certamente a saúde integral se constituirá o resultado feliz do fenômeno agradável do júbilo presente em todas as situações existenciais trabalhando a elevação do ser.

Nessa compreensão, lentamente o eixo *ego–Self* faculta a unidade sem choque, a harmonia que deve existir no processo da recuperação decorrente da anterior fissão da psique...

Certamente se trata de uma batalha silenciosa, significativa, no entanto rica de aprendizagem e descobertas, porque se vai ao mais profundo dos sentimentos, a fim de avaliar o sentido e o significado psicológico da vida física.

Assim procedendo, encontra-se a maturidade emocional, aquela que auxilia o discernimento a respeito de tudo quanto se pode e se deve realizar, em detrimento do que se pode, mas não se deve fazer, ou se deve, mas não é lícito executar.

A expressiva maioria das criaturas vive de tal maneira automaticamente que nem sequer se apercebe dos mecanismos existenciais, das possibilidades de desenvolvimento da inteligência e dos sentimentos, tornando a jornada um encantamento no qual as experiências de autoiluminação multiplicam-se, toda vez que os acontecimentos são bem-administrados. Não existem pessoas privilegiadas, nem mesmo aquelas que parecem totalmente felizes, porquanto o trânsito carnal é recurso de que se utiliza a Divindade, a fim de permitir o desenvolvimento dos valores adormecidos no cerne do ser.

Em consequência, deve-se viver atentamente, observando-se tudo aquilo que acontece durante a jornada humana, amealhando simpatia e solidariedade, afeição e renúncia aos impositivos do *ego*, na incessante busca da plenitude.

Somente aquele que luta e se aprimora consegue a superação dos vícios, dos arquétipos inquietadores que procedem do passado.

Viver, portanto, na Terra, é uma excelente ocasião de avançar no rumo da imortalidade feliz.

Heranças Afligentes

Os atavismos defluentes do processo antropossociopsicológico remanescem no ser humano com a força dos velhos hábitos, com toda a predominância dos instintos agressivo-defensivos, mutilando algumas aspirações enobrecidas e dificultando a vivência das atitudes novas, caracterizadas pela razão, pelo sentimento, pelo ideal de servir e dignificar a sociedade. Dentre esses destaca-se muitas vezes o que diz respeito à ingratidão, num estado de primarismo do comportamento, mediante o qual, ainda se estagiando na fase do egocentrismo, não se valoriza a contribuição das demais pessoas, acreditando-se merecedor de todos os serviços, sem nenhuma obrigação retributiva ou, pelo menos, de respeito pelo outro.

A *sombra* é o arquétipo dominador da conduta nessa fase da evolução psicológica do ser humano.

O predomínio do instinto de conservação da vida modela o caráter humano com tal vigor que sempre coloca o indivíduo em atitude defensiva, armando-o invariavelmente contra tudo e contra todos, mesmo quando alguém se propõe a auxiliar.

Permanece a suposição falsa de que as demais criaturas são exploradoras, interesseiras, incapazes de vivenciar o afeto legítimo, mantendo sempre uma atitude, disfarçada ou não, de retirar proveito de todos os esforços empregados. Mesmo que os fatos demonstrem o contrário, há uma insegurança afetiva muito forte nesse indivíduo, que considera os demais conforme os seus próprios padrões de conduta, incapaz segundo se sente de ser útil, de auxiliar sem colher os imediatos frutos desse procedimento.

À medida que ocorre o desenvolvimento do *Self* e diminui a predominância do *ego*, que passa a compreender melhor a finalidade da existência terrestre, amplia-se a capacidade de sentir amizade, de corresponder às expectativas, de contribuir em favor do bem-estar alheio, que sempre redunda em satisfação pessoal, embora não seja esse o objetivo imediato.

Ocorre que toda atitude dignificante que abrange o grupo social inicialmente é benéfica àquele que a assume.

De igual maneira, toda vez que alguém opõe obstáculo ao processo de crescimento da sociedade, padece a sua constrição inevitável, encarcerando-se nas paredes sombrias da prepotência.

Psicologia da gratidão

Em razão desses diferentes estágios evolutivos, surgiram os dominadores dos outros, os ditadores impiedosos, as classes poderosas em consequência do *status* econômico, os presunçosos que se acreditam superiores, iludidos pelo conceito da raça ou etnia em que renasceram no corpo, da astúcia que é uma herança do instinto felino e não efeito da inteligência...

Allan Kardec, com clareza, faz uma bela análise desse comportamento no livro *Obras póstumas*, no capítulo intitulado "As aristocracias",[2] analisando os diversos níveis ou alternativas da Humanidade, em relação ao Espiritismo, que oferece os recursos surpreendentes da iluminação, portanto da perfeita integração do eixo *ego–Self* como indispensável para a harmonia pessoal, o reconhecimento amoroso à vida, por tudo quanto possui e frui, a infinita gratidão pela honra da existência terrena.

A verdadeira aristocracia, refere-se o nobre codificador, é aquela de natureza intelecto-moral, na qual a inteligência e o sentimento unem-se, dando lugar à sabedoria, à libertação das paixões primevas, à superação das heranças negativas e dos atavismos perturbadores.

O velho conceito de aristocrata, pelo sangue, pelos títulos nobiliárquicos adquiridos por meios nem sempre dignificantes, que caracterizaram o passado da sociedade, ensejando os privilégios dos descalabros assim como o hediondo *direito divino dos reis*, como se não fossem constituídos pela mesma argamassa em que transitam os camponeses e o poviléu, sempre detestados pelos iludidos terrestres, encontra-se em decadência total.

---

[2] *Obras póstumas*, Allan Kardec, 11. ed., FEB.

Encontramo-los em todas as épocas da História, desde as lamentáveis classes sociais da Índia, no passado, e possivelmente no presente, embora não legais, mas sempre infelizmente morais, aos faraós egípcios... e mesmo os chefes tribais, nem sempre valorosos e dignos para exercerem o mandato de comando do grupo étnico ou do país sob a sua governança.

As religiões, por sua vez, aproveitaram-se das circunstâncias e criaram também as suas aristocracias privilegiadas pelo poder temporal em nome da fé que deve estar acima das questões da vaidade humana...

Na interpretação dos ensinamentos religiosos de todos os matizes, os indivíduos investidos das denominadas responsabilidades pelo rebanho adaptam a mensagem, dela retirando a essência superior e apresentando as próprias paixões que transferem para Deus. Através desse mecanismo de temor submetem os crédulos ao seu talante, dominando-os e mantendo aqueles que são menos evoluídos a permanecerem na revolta ou no egoísmo.

Apresentassem a grandeza do amor de que se revestem todas as doutrinas religiosas, e mais facilmente conseguiriam libertar os aprisionados no primarismo, conduzindo-os aos elevados patamares da iluminação.

Jesus a todos convocou com os mesmos direitos e com os mesmos deveres, oferecendo oportunidade de trabalho e de evolução aos mais diferentes segmentos sociais, sendo respeitoso aos poderosos do seu tempo, que o buscavam, assim como à denominada ralé, à qual preferia por motivos óbvios da sua missão iluminativa e libertadora.

O inevitável progresso moral vem diminuindo o perverso comportamento, anulando o poder das classes

Psicologia da gratidão

dominadoras por circunstâncias adversas e ancestrais, abrindo espaço para os direitos humanos, ampliando as possibilidades de igualdade entre todas as pessoas, pouco importando as posses, a hereditariedade, antes valorizando as suas qualidades de inteligência e de sentimento, as suas conquistas morais que os destacam no cenário humano.

Certamente, em razão do processo evolutivo, que é inevitável, essas heranças cederão lugar às outras, às nobres que as sucederam e que, no seu momento próprio, passarão a ressumar com a força ética da solidariedade e do amor entre todos os seres, incluindo a natureza.

Apesar desse fenômeno incoercível que é o progresso, muitos indivíduos tentam resistir aos seus impositivos, optando pela deplorável condição de infelizes, em razão da *sombra* que os submete aos caprichos da inferioridade.

A Divindade, porém, dispõe de mecanismos que se impõem favoravelmente ao desenvolvimento das faculdades morais do ser, através das expiações nas quais expurgam os miasmas que os asfixiam na inferioridade, sem que percam as conquistas preciosas das experiências vivenciadas.

Desse modo, o processo de crescimento em relação à própria plenitude é impostergável, e dele ninguém se evade, por fazer parte dos instrumentos universais do amor divino.

Serão sinais demonstrativos da sua presença, quando surgirem os primeiros vagidos de compaixão e de ternura, de amizade desinteressada e o desejo de retribuição, pelo menos de parte daquilo que amealha. A solidariedade é, desse modo, a maneira de expressar a alegria de viver e de desenvolver os relacionamentos que edificam os sentimentos ou os despertam quando se encontram adormecidos.

Joanna de Ângelis / Divaldo Franco

A gratidão é a impressão digital do desenvolvimento intelecto-moral do Espírito, que se liberta das heranças afligentes.

CONFLITOS EXISTENCIAIS E FUGAS PSICOLÓGICAS

Cada pessoa experiencia as emoções que dizem respeito ao nível de consciência em que estagia, não conseguindo de um para outro momento ultrapassá-lo. Diante desse acontecimento, os conflitos existenciais e as fugas psicológicas exercem um papel determinante no seu comportamento.

Os referidos conflitos são resultados de heranças ancestrais, quando foram cometidos atos que atentaram contra a ética e o bem proceder, dando lugar ao surgimento da culpa encarregada de transformar-se em aflição e desgaste do equilíbrio.

Noutras vezes, surgem como decorrência do processo de desenvolvimento ético-moral, quando ainda não havia a capacidade de discernimento responsável pela censura aos comprometimentos perturbadores, sendo aceitos como naturais e, portanto, frutos da *sombra* que permanecia ditando as atitudes mais compatíveis com a sua natureza arquetípica.

Nesse estágio, ocorrem os problemas emocionais que vergastam o ser, perturbando-lhe a capacidade de orientação e de saúde, instalando-se por longo período gerador de distúrbios que se transferem de uma para outra existência.

Acostumando-se à impossibilidade de alcançar mais altos patamares de bem-estar e de harmonia, permite-se a aceitação do *Self* enfermiço dominado pelo *ego*, em estranha vitória no campeonato da evolução.

Psicologia da gratidão

Torna-se urgente e indispensável a busca de ajuda psicoterapêutica, a fim de poder distinguir de maneira saudável o que é melhor para a conquista da alegria de viver e as diretrizes que deve adotar para conseguir vencer os obstáculos internos que se expressam ameaçadores.

As batalhas mais difíceis de ser vitoriosas são aquelas que se travam nos refolhos da psique, desde o momento em que o indivíduo se propõe alcançar as motivações para o prosseguimento da existência planetária dentro dos padrões da normalidade.

Seja qual for o conflito existencial que se manifeste, a criatura aturde-se e padece a incerteza de qual é o melhor caminho para o autoencontro, passo inicial para a autoiluminação.

Não pode haver um comportamento equilibrado se nos painéis da psique as informações emocionais não se encontram estabelecidas sob o comando e a inspiração dos anseios elevados e pacificadores.

Toda vez quando surge um conflito que se expressa em forma de aflição e de insegurança emocional, torna-se necessário o enfrentamento lógico e frontal com este, de modo que possa libertar-se mediante o uso da razão e do ajustamento psicológico que se fazem necessários. São distúrbios dessa natureza que empurram para o vício, para a dependência de drogas aditivas, para a dissimulação e as fugas da realidade com transferência de responsabilidade para os outros.

O paciente, nesse caso, assume a atitude infeliz e acredita que tudo quanto lhe ocorre é resultado da antipatia que os outros lhe demonstram, refugiando-se nos escuros porões da comodidade, não envidando esforços para a luta que deve ser travada, a princípio mentalmente, diluindo as desculpas e justificativas pelo estado mórbido que o possui, para logo iniciar o esforço de compartilhar das atividades no grupo social, ajustando-se e modificando a óptica de observação dos fatos.

Apoiando-se, porém, no bastão da indiferença pela situação em que moureja, permanece em lamentável postura que pretende transformar em arma de acusação contra as demais pessoas.

Nesses pacientes, não surge o sentimento da gratidão que é sempre espontâneo, porquanto se acreditam vítimas indefesas da sociedade e, como efeito, agasalham ressentimento e amargura que mais os desajustam.

Os conflitos existenciais fazem parte do processo de evolução, porque, à medida que se vai abandonando uma faixa de experiência, conduz-se todo o material que foi armazenado, seja ele de qual conteúdo se revista.

Como a aprendizagem de novos hábitos é lenta e a superação dos atavismos perturbadores exige coragem, determinação e insistência, na fase inicial da luta apresenta-se como tentativas de acerto e de erro até que se definam as características que passam a alterar a conduta, dando lugar a novos cometimentos.

Somente uma atitude racional e grande equilíbrio emocional para se ter a coragem de reconhecer as próprias deficiências que resultam do processo evolutivo, aliás perfeitamente normais durante o seu trânsito no rumo do desenvolvimento psíquico e psicológico.

Narra-se, e tornou-se muito conhecida com variações, embora com o mesmo conteúdo, a história de um monge

Psicologia da gratidão

budista que rumava na direção do monastério acompanhado por alguns dos seus discípulos, quando, passando por uma ponte, viram um escorpião que estava sendo arrastado pela correnteza na qual se debatia, afogando-se.

O monge, apiedado, correu pela margem do rio, introduziu a mão na água e retirou-o da morte certa.

Alegre por havê-lo salvado da situação, quando o trazia para o solo, o escorpião picou-o, produzindo-lhe uma grande dor, que o fez derrubá-lo novamente nas águas...

Nesse momento, o monge correu e, tomando um pedaço de madeira, novamente se adentrou nas águas e retirou-o, salvando-o.

Retornou ao caminho em silêncio após o seu gesto nobre, quando um dos discípulos, surpreendido pela ocorrência, indagou-o:

— Mestre, penso que o senhor não se encontra bem. A sua tentativa de salvar esse aracnídeo nojento e perverso, que lhe agradeceu o gesto nobre com uma picada dolorosa, redundou inútil e perniciosa para o senhor. Não seria natural que o deixasse morrer, em vez de intentar por segunda vez salvá-lo, correndo novamente o mesmo risco?

O monge escutou com suave sorriso na face e respondeu com bondade:

— Ele agiu conforme a sua natureza, enquanto eu procedi conforme a minha. Ele reagiu por instinto, defendendo-se mediante a agressão, e eu agi de acordo com o meu sentimento de amor por tudo e por todos...

Encontramos nessa historieta a superação dos conflitos tormentosos sem nenhuma tentativa de fuga psicológica para transferir responsabilidade.

A emoção consciente da sua realidade é sempre lógica e nobre, contribuindo em favor da ordem e do dever.

Não se escusa, não se justifica, não transfere as atividades que lhe dizem respeito para os outros, contribuindo em favor do bem onde quer que se faça necessário. Tampouco se inquieta com a ingratidão, porque reconhece que cada ser se movimenta no nível de consciência e de discernimento que lhe é próprio.

Existem aqueles que, por um bom período da vida somente esperam receber, fruir, desfrutar dos favores de todos sem o mínimo compromisso com a retribuição ou com o bem-estar geral. Desde que se sintam atendidos e fisiologicamente satisfeitos, tudo se encontra bem. Ainda permanecem no período egocêntrico da evolução psicológica, agindo conforme a sua natureza. A ingratidão é-lhes uma característica definidora do comportamento, fazendo que sempre exijam e projetando a imagem de que as demais pessoas estão equivocadas, quando não fogem para a postura do martírio, a fim de inspirarem compaixão, provocando conflitos de culpa nos demais.

A gratidão constitui bênção de amadurecimento psicológico que felicita o Espírito, facultando-lhe ampliar os sentimentos de amor e de compaixão, porque reconhece todos os bens de que desfruta, mesmo quando alguma circunstância menos feliz se apresenta.

Não se expressa apenas quando tudo transcorre bem e comodamente. Mas especialmente quando o testemunho e a dor se apresentam convidando à reflexão.

A vida é, sem dúvida, um hino de gratidão a Deus em todas as suas expressões.

Psicologia da gratidão

Autorrealização e paz

A verdadeira paz é adquirida mediante o logro da autorrealização, coroamento do processo de autoconhecimento e de conduta dentro dos padrões do dever, que resulta em verdadeiro prazer.

Somente o amadurecimento psicológico pode conduzir o indivíduo com segurança no esforço do autoaprimoramento.

As heranças de que se faz portador, em razão do período de inconsciência e, mais tarde, da predominância dos instintos sobre a razão, encarregam-se de retardar o discernimento, levando-o a mais reagir do que a agir, a mais atender ao egoísmo do que ao altruísmo, envilecendo-se antes que se sublimando, mediante as disciplinas naturais que promovem os ideais de beleza, de elevação e de paz.

Não faltam exemplos típicos de autorrealização, que independe de posição social relevante, de posses expressivas, de conquista universitária, de grandes destaques.

É um estado interior de satisfação e de confiança nas possibilidades de que se dispõe e estão sempre sendo colocadas a serviço do melhor.

Certa senhora, narra-se, necessitava de uma faxineira e recebeu de uma amiga a recomendação de uma pessoa credora de confiança e portadora de excelentes qualidades.

Contratando-a, por telefone, assinalou o dia e a hora em que ela deveria vir ao seu lar para iniciar o serviço.

Quando a viu, ficou surpresa, notando que era bastante jovem, muito bem-vestida e viera no seu próprio automóvel.

Explicou-lhe os deveres que lhe cabiam e autorizou-a a realizá-los.

A jovem, com desenvoltura, tudo executou com esmero até a conclusão da limpeza.

Ao terminá-la, a auxiliar pediu-lhe licença para fazer uma ligação telefônica, no que foi atendida.

O diálogo foi rápido e claro.

A jovem perguntou:

— A senhora está necessitando de uma faxineira?

E a outra pessoa respondeu:

— Não, eu já tenho uma.

— Eu, porém, sou muita boa, cuidadosa e posso fazer um preço muito acessível.

— Agradeço, porém, já tenho uma com esses requisitos.

— Insisto, porque não apenas cuido da limpeza, mas também aspiro, lavo, encero e tiro o lixo, deixando os banheiros brilhantes como ninguém o faz, assim como a louça muito bem cuidada e arrumada...

— Infelizmente não necessito, porque a minha faxineira é excelente e faz tudo isso.

Assim que ela desligou, a nova patroa disse-lhe penalizada:

— Ouvi a conversa e lamento que você perdeu uma nova cliente...

— Não, senhora! – respondeu a faxineira. — Eu sou a faxineira dela e estava somente fazendo um teste de avaliação, de como é visto o meu trabalho, o qual me proporciona uma grande satisfação.

Na busca da autorrealização, todo serviço é digno e relevante, de acordo com o devotamento com o qual é executado.

Psicologia da gratidão

Enquanto vigerem no ser humano a presunção e a falsa consciência de superioridade por qualquer ocorrência que aparentemente o projete na sociedade, o brilho da situação confortável dificilmente lhe concederá paz interior, porque a *sombra* estará predominando no seu comportamento.

Quando não se é capaz de reconhecer a transitoriedade das circunstâncias e a fragilidade orgânica na qual o Espírito viaja no processo evolutivo, os conflitos estabelecem-se, apresentando-se disfarçados de falsos triunfos e de preconceitos mórbidos.

Allan Kardec,[3] num oportuno estudo sobre os vários períodos da evolução da sociedade, após examinar o poder responsável pelo controle do grupo social, considerou que a primeira etapa desse fenômeno foi de ordem *patriarcal*, pela natural força moral do chefe do clã, ainda numa fase de predominância dos instintos. Logo depois, a força do grupo elegeu aquele portador de mais resistência e mesmo poder de luta, surgindo o controle político e social mediante a *autoridade da força bruta*, assim se estabelecendo uma segunda aristocracia. Os poderosos, em razão dos recursos que possuíam, naturalmente os passavam para os seus descendentes, incluindo a autoridade de que se encontravam revestidos. Normalmente, os débeis sempre se deixam conduzir por esses mais audaciosos, submetendo-se aos que sucedem aos transitórios governantes, dando surgimento a uma terceira classe, que foi denominada como *aristocracia do nascimento*. As ambições e desmandos disso decorrentes

---

[3] *Obras póstumas*, Allan Kardec, 11. ed., FEB. Repetimos o tema das aristocracias por considerarmos próprio de mais análise no subitem deste mesmo capítulo.

culminaram no *direito divino dos reis*, tornando-os respeitados e temidos.

Se nos recordarmos de Júlio César, por exemplo, o grande conquistador e extraordinário escritor latino, observamos que a sua obsessão pelo poder fez que se autoproclamasse como Augusto, portanto divino, apesar de sua fragilidade orgânica e dos seus conflitos de vária ordem, que transmitiria o título a outros títeres, não menos insanos, do fabuloso Império Romano...

A evolução cultural e ética da sociedade a pouco e pouco desmontou a arbitrária máquina do poder aristocrático do berço, demonstrando que em todas as classes o ser humano pode atingir culminâncias, tornando-se digno e poderoso mediante o esforço e o conhecimento, nascendo então a potência do *dinheiro*, porquanto através dele se podem conseguir servidores, áulicos, bajuladores, soldados, ao lado das coisas que satisfazem as necessidades emocionais e os tormentos psicológicos.

Logo se manifestaram os valores defluentes da inteligência, do idealismo que removeram tronos e retiraram os dominadores perversos, abrindo espaços para uma nova *aristocracia*, que se tornaria resultado da união da *inteligência e da moralidade*, surgindo aquela que ficou denominada pelo Codificador do espiritismo como a *intelecto-moral*.

Essa condição, na qual se reúnem os legítimos valores da evolução, naturalmente conduz à autorrealização e, em consequência, à paz.

As grandiosas aquisições das leis que já fomentam o respeito pelos direitos do próximo atestam o desenvolvimento da sociedade que avança na direção da plenificação dos seus membros.

Psicologia da gratidão

Certamente, ainda predominam povos na atualidade que se encontram sob a governança infeliz de títeres violentos que estabelecem suas próprias leis e tornam legais o crime hediondo, o furto e o roubo por eles perpetrados, a perseguição infeliz aos inimigos, às raças e etnias que denominam como inferiores... Por mais, no entanto, que se detenham no poder, conforme a História tem demonstrado, passam, deixando a sua marca de selvageria, que fica apagada ante os novos condutores dos destinos daqueles mesmos povos antes submetidos à crueldade, então avançando no rumo das conquistas éticas da civilização que nunca para.

As guerras, que são decorrência da usura e da presunção desses infelizes pigmeus que se acreditam gigantes, logo cessam com o saldo terrível de sofrimentos que são impostos, e a consciência social que renasce abomina aqueles abutres humanos, ambicionando pela paz e pela solidariedade com todas as demais culturas e valores humanos respeitados.

Tal ocorrência assim tem lugar porque a marcha do progresso é ascendente, e ninguém, força alguma pode deter, embora ainda permaneçam alguns bolsões de ignorância e de atraso moral, que o amor e o conhecimento conseguirão iluminar no momento próprio que nunca tarda.

O processo de crescimento em relação à própria plenitude é impostergável e dele ninguém se evade. Serão sinais demonstrativos da sua presença, quando surgirem os primeiros vagidos de compaixão e de ternura, de amizade desinteressada e o desejo de retribuição.

7

A GRATIDÃO: META ESSENCIAL DA EXISTÊNCIA HUMANA

AMBIÇÕES PSICOLÓGICAS E TRANSTORNOS DE CONDUTA
SONHOS DE FELICIDADE E SIGNIFICADO EXISTENCIAL
SENTIMENTOS DE MÁGOA E DE DESENCANTO

Visitado pelos transtornos emocionais de qualquer etiologia – ansiedade, anorexia, bulimia, distimia, medo, solidão, depressão, dentre outros –, o indivíduo debate-se em aflições íntimas sem a capacidade mental lúcida para discernir a melhor maneira de conduzir-se. A queixa e a reclamação constituem-lhe bengalas psicológicas em que busca apoio para a manutenção do estado mórbido, inconscientemente reagindo às possibilidades de refazimento e recuperação.

O sofrimento decorrente atira-o ao abismo do egotismo e da autocomiseração, tornando se incapaz de adotar a conduta afetiva indispensável para a vigência da gratidão, o que lhe caracteriza o primarismo emocional.

Havendo, no entanto, amadurecimento psicológico, apesar da injunção penosa, dá-se conta do empenho que lhe cumpre desenvolver, de modo que conquiste a harmonia, ora desorganizada.

O *Self* lúcido, sofrendo o impositivo da *sombra*, aturde-se, e o *ego* enfermo predomina, criando dificuldades para a recuperação da saúde emocional.

Graças ao desenvolvimento psicológico, o impositivo da disciplina moral e o cultivo dos hábitos saudáveis proporcionam a vitória sobre os transtornos emocionais, evitando que se instale a depressão com toda a carga de prejuízos que proporciona.

Os estímulos que defluem do hábito de pensar corretamente contribuem para a produção dos neurotransmissores do bem-estar e o *Self* termina superando as imposições malsãs, controlando o comportamento que restaura a saúde.

Nesse embate exitoso, o sentimento de gratidão exterioriza-se como significativas emoções de reconhecimento que facultam experiências psicológicas de plenitude.

Equivocadamente, se pensa em gratidão quando somente sucedem as ocorrências felizes, quando são recebidos benefícios de qualquer tipo, dando lugar à retribuição como maneira ética do bom proceder.

Não desmerecendo o seu valor significativo, defrontamos, no caso em tela, vestígios de egotismo, por significar reconhecimento pelo bem que ao *ego* foi oferecido, e não pelo prazer de ser-se agradecido.

A gratidão real e nobre vai além da retribuição gentil, afável e benéfica, manifestando-se também nas situações desagradáveis de dor, reafirmamos, de sombra, de enfrentamentos agressivos.

Diante das mais graves tragédias, sempre se encontram razões para as manifestações gratulatórias.

Situações funestas que surpreendem em clima de terror e de debilitação das forças morais podem ser encaradas

Psicologia da gratidão

com menos angústia se pensar-se que, estando-se vivo, sempre haverá como lhes diminuir as consequências perversas e cáusticas. Enquanto se pode lutar, embora as circunstâncias negativas, dispõe-se de possibilidades de futuro encantamento e prazer, construindo-se novos fatores de alegria e de paz, superando a noite tempestuosa e encontrando o amanhecer benfazejo.

Situações que parecem insuportáveis, quais aquelas dos fenômenos sísmicos destrutivos, do terrorismo e de outros crimes hediondos, quem os sobrevive dispõe de recursos morais e emocionais para louvar e agradecer. Isso, porque, permanecendo a existência orgânica, dispõem-se de meios para se diminuir os danos e reiniciar-se experiências evolutivas, tendo em vista que a vida verdadeira encontra-se além das dimensões somáticas...

Ademais, a filosofia das vidas sucessivas leciona que tudo quanto acontece ao ser humano, especialmente no que diz respeito ao sofrimento, e não foi ele quem o provocou, procede-lhe do passado espiritual, sendo, portanto, para o seu próprio bem.

Quando Jesus enunciou que no mundo somente se teriam tribulações, não apresentou uma tese pessimista, mas realista, em razão do processo evolutivo em que estagiam os Espíritos no corpo físico domiciliados. Complementando o ensinamento, ele aduziu: [...] *mas tende bom ânimo, eu venci o mundo* (Jo, 16:33), demonstrando que o êxito é natural e inevitável se houver o empenho e a dedicação para consegui-lo.

Desse modo, em vez do receio e da rebeldia ante tais insucessos, a bênção da gratidão, porque a dor somente se expressa como investimento da vida em favor da plenitude do ser.

Nenhuma conquista ocorre sem o contributo do esforço, da temperança, da constância, do sacrifício.

A inquietação de um momento, examinada com cuidado e bom direcionamento, resulta na paz de outro instante.

Nos denominados livros sagrados de todas as religiões, que sempre exerceram um papel psicológico significativo no desenvolvimento das criaturas, à gratidão são reservados textos e páginas de conteúdo enriquecedor, envolvendo as emoções em encantamento e saúde, como resultado desse comportamento.

A *Bíblia*, por exemplo, é portadora de momentos ricos de exaltação ao sentimento gratulatório tanto no *Velho* como no *Novo testamento*.

O *Livro de Jó*, por exemplo, oferece o testemunho do amadurecimento psicológico de alguém que ama a Deus e que, mesmo sob o açodar das vicissitudes, O exalta e agradece a miséria, a enfermidade e a perda dos filhos, dos rebanhos, dos escravos e dos servos... Essa conduta favorece-o com a restituição de tudo quanto se havia diluído durante o infausto período anterior...

Os *Salmos* cantam as glórias da vida e convocam ao júbilo perene, seja em qual condição esteja o ser humano.

...E o Evangelho de Jesus é uma sinfonia de gratidão entoada em todas as fases do seu ministério.

Quando Ele enunciou que nos trazia *boas-novas de alegria*, propôs-nos a felicidade, e esta, de imediato, adorna-se de gratidão.

Psicologia da gratidão

O desenvolvimento emocional alarga os horizontes mentais do ser humano, contribuindo para a sua autorrealização.

Nesse estágio, experienciam-se conquistas íntimas relevantes: autoconsciência, tranquilidade, espírito de solidariedade, bem-estar e amor pleno.

Atingida essa faixa vibratória, pode-se viver no mundo sem as mesquinhezes do *ego* e suas deploráveis imposições: ciúme, insegurança, competição, medo e seus sequazes...

Nesse clima, o mal dos maus não faz nenhum mal, porque se lhe percebe o primarismo, a inferioridade, entendendo-o, desculpando-o e contribuindo para a sua erradicação.

A postura inevitável em circunstância desse porte não pode ser outra senão a da gratidão.

AMBIÇÕES PSICOLÓGICAS E TRANSTORNOS DE CONDUTA

Infelizmente, o ser humano atual renasce num contexto cultural imediatista, utilitarista, em que os valores reais são postos em plano secundário e é-lhe exigida a conquista daqueles que são de efêmera duração, porque pertencentes ao carreiro material.

A formação cultural e educacional centra-se especialmente na meta em que se destacam os triunfos de fora, as conquistas dos recursos que exaltam o *ego*, que o alienam, que entorpecem os melhores sentimentos de beleza e de amor, substituídos pelo poder e pelo ter, através de cujos significados acredita-se em vitória e triunfo social, econômico, político, religioso ou de outras denominações... Raramente se pensa na construção interior saudável do ser que (re)inicia a jornada carnal, incutindo-lhe as propostas nobres da autorrealização pelo bem, pelo reto cumprimento do dever, pelas aspirações da beleza, da harmonia e da imortalidade. Tidos como de significação modesta, que se os podem reservar para a velhice ou para quando se instalem as doenças, tal filosofia da comodidade suplanta a busca do equilíbrio emocional e moral, porquanto se mantém no patamar dos prazeres sensoriais.

Perante esse comportamento, o egoísmo assinala o percurso da preparação do ser jovem, insculpindo-lhe na mente a necessidade de destacar-se na comunidade a qualquer preço, o que o perturba nesse período de formação da personalidade e da própria identidade, tomando como modelo o que chama a atenção: os comportamentos exóticos, alienantes, as paixões de imediatos efeitos, sem que os sentimentos educados possam fixar-se nos painéis dos hábitos para a construção da conduta do futuro.

Ressumam as culpas que lhe dormem no inconsciente e ressurgem as qualidades negativas, que deveriam ser corrigidas, mas que encontram campo para se expressar através da irresponsabilidade moral e comportamental em uma sociedade leniente, que tudo aceita, desde que esteja nos padrões do exibicionismo, da fama, da fortuna, da transitória mocidade do corpo e da sua estética...

Paralelamente, apresentam-se os *vícios sociais* como forma de participação dos grupos em que se movimenta, iniciando-se pelo tabaco, a seguir pelo álcool, quando não se apresentam simultaneamente, abrindo espaço para as drogas alucinógenas e de poder destrutivo dos neurônios, do discernimento, da saúde orgânica, emocional e mental.

Psicologia da gratidão

Nessa conceituação, o importante é o prazer, e tudo se aceita como natural, normal, alegre, mesmo que seja à custa de substâncias químicas devastadoras e de comprometimentos sexuais desgastantes.

A cultura jaz permissiva e cruel, na qual a ética e a moral são tidas como amolecimento do caráter, debilidade mental, conflito de inferioridade com disfarces de pureza, em lamentável ironia contra os tesouros espirituais, únicos a proporcionarem saúde real e equilíbrio.

Lentamente, o exibicionismo do crime que se torna legal estimula ao desrespeito às leis da vida, quando os *multiplicadores de opinião* e pessoas ditas famosas, mais pela exuberância do desequilíbrio do que pela construção edificante, apresentam-se na mídia para narrar as experiências dolorosas dos abortos praticados, das traições conjugais, das mudanças de parceiro em adultérios chocantes ou relacionamentos múltiplos e promíscuos, como os novos padrões de conduta.

Marchando para a decrepitude que não demora para se lhes instalar no organismo gasto nas futilidades e na corrupção, subitamente se dão conta de que se encontram no exílio, ao abandono, no esquecimento, graças ao surgimento de outros biótipos mais ousados e paranoicos, experimentando remorso e fazendo lamentáveis quadros de depressão tardiamente...

À medida que a velhice lhes devora a vitalidade orgânica, e a morte se lhes avizinha, quando os não surpreende nas bacanais, nas *overdoses*, na luxúria e no despautério, desesperam-se e buscam novos escândalos para serem notícias que desapareceram da mídia que os explorou e consumiu, logo se apagando no silêncio do anonimato ou sendo estigmatizados pelos novos deuses de ocasião...

Nesse ínterim, manifestam-se os transtornos psicológicos, nas áreas da afetividade, da conduta, das emoções.

Sem as necessárias resistências morais para os enfrentamentos naturais que ocorrem com todos os seres vivos, apegam-se à negativa, posição cômoda para justificar a falta de valor íntimo, permitindo que a *sombra* lhes passe a governar os sentimentos angustiados.

Abre-se-lhes, então, a comporta emocional para a fuga psicológica e a transferência de responsabilidade para os outros, variando de algoz e sempre culminando no governo, em Cristo ou mesmo em Deus...

Essa conduta resulta da necessidade de realizar a compensação interna, libertando-se do autoenfrentamento para se transformar em vítima da família, da sociedade, da vida...

O significado da existência encontra-se também no transcurso em que se viaja na direção da meta colocada como determinante para o bem-estar.

Nesse sentido, é necessário manter-se em atitude receptiva em relação aos dons do existir, retirando os melhores resultados de cada momento, sem angústia nem projeção para o objetivo pelo qual se luta.

Qualquer indivíduo que aspira ao bem e ao amor trabalha-se interiormente e recorre aos relacionamentos afetivos ou não, experimentando satisfação a cada momento, porque a experiência de ambos os sentimentos transforma-se em alegria de viver pelos conteúdos de que se revestem.

Há muita coisa no mundo da ilusão de que não se tem necessidade. Nada obstante, o apego egoico às quinquilharias, às quais se atribui valor, atormentam o ser que as não possui, levando-o a uma permanente inquietação para aumentar a posse, acumulando inutilidades em detrimento dos bens internos que enriquecem a vida.

A preocupação em consumir é contínua, sem valorizar realmente as bênçãos de que se encontra investido na saúde, na lucidez mental, nos movimentos harmônicos, na afetividade compensadora.

Seria ideal que cada um que desperta para os bens imateriais possa afirmar, sorrindo: *Quanta coisa eu já não necessito! Agradeço, portanto, a Deus, a dádiva de haver superado essa fase da minha existência.*

Vencendo o conflito e o transtorno psicológico, a emoção gratulatória assoma e a satisfação existencial toma sentido no *constructo pessoal.*

Quando surgem os pródromos da gratidão, mesmo diante do que se considera falta ou insucesso, percebe-se a conquista da normalidade emocional e mental do indivíduo.

Anteriormente, as cidades celebrizavam-se pela presença das suas catedrais, cada qual mais suntuosa, demonstrando o poder e a grandeza da urbe. Na atualidade, aqueles santuários vêm sendo substituídos pelos *shoppings centers* e pelos motéis atraentes e perversos...

Houve, de alguma sorte, a superação da beleza, da arte, da fé religiosa, mesmo que arbitrária anteriormente, para o consumismo, o tormento das aquisições e o relaxamento no prazer sexual de origem duvidosa e de efeitos perturbadores.

Em razão disso, surgem as crises, cada uma delas mais vigorosa, até o momento em que o indivíduo desperta para a mudança interior, agradecendo aquilo que lhe constituiu desventura e o despertou para a realidade.

Pessoas que tiveram morte clínica e retornaram, que estiveram a um passo da desencarnação por acidentes, que foram vítimas de ocorrências danosas, de perdas significativas, logo superado o período de aflição, mudam de conceituação a respeito da vida e dos seus valores.

Tornam-se agradecidas ao que lhes aconteceu.

Sonhos de felicidade e significado existencial

Conquistas e projetos de felicidade têm início no campo mental. Razão por que a mente desempenha papel de alta relevância na construção dos valores humanos e do significado existencial.

É necessário *sonhar*, a fim de que as inspirações defluentes do amor possam transformar-se em realidade, enriquecendo a vida de atos dignificantes e saudáveis.

A conquista da felicidade depende de como se espera ser feliz, de quais os fatores que a proporcionam, da mais eficiente maneira de alcançá-la.

Desde que não se trate de uma aspiração do que é efêmero e logo se transforma, alterando completamente o seu sentido, é válido que o ser humano anele pela harmonia interior, pela aquisição do que lhe é necessário a uma existência honrada, desde o alimento que o nutre, às questões referentes à educação, à saúde, ao trabalho, ao repouso, mas também ao cultivo dos ideais de beleza que enriquecem o Espírito de estímulos para o prosseguimento das lutas edificantes.

Nessa busca de realização pessoal, base de sustentação para uma existência feliz, surge o desafio do significado

Psicologia da gratidão

existencial, no momento em que a sociedade experimenta a pandemia psicopatológica das *vidas vazias*.

Normalmente se acredita que a felicidade impõe como condição primordial o poder que facilita a aquisição de poder e de compra, bem como de todas as coisas que a complementam. Nada obstante, o número de vidas perdidas no *vazio existencial*, porque assinaladas pelo tédio, pelo desinteresse, é mais expressivo entre os poderosos que buscam realização através de fugas psicológicas lamentáveis. Em razão de lhes ser muito fácil conseguir tudo quanto lhes apraz, a pouco e pouco descobrem a perda do sentido existencial, porque o fixaram como efeito da posse.

Essa fuga psicológica, resultado do temor do autoenfrentamento, transforma-se em transtornos de conduta como irritabilidade, insatisfação, melancolia, solidão, por supor que todos quantos se lhes acercam estão mais interessados naquilo que têm do que neles mesmos, nos seus problemas, preocupações e afetividade, o que, de certo modo, infelizmente é quase sempre real...

Faz-se imprescindível, nesse momento, uma introspecção, uma análise íntima de como se encontra o indivíduo, procurando descobrir a maneira pela qual possa fruir de realização e de paz, tendo a coragem de realizar uma revisão de conceitos e entregar-se à nova busca.

A felicidade deve constituir o significado existencial, essa busca incessante do amor no sentido mais expressivo da palavra, a entrega afetiva em todas as maneiras de manifestar-se, facultando o preenchimento interior de alegrias e de esperanças, de belezas, de realizações relevantes, de emoções plenificadoras.

A intencional crença de que o amor sempre se vincula à satisfação sexual deve ceder lugar ao sentimento correto da afetividade ampla e sem tormentos da libido, expressando-se como intercâmbio de ternura, de equilíbrio emocional, de gratidão.

A gratidão é fundamental no comportamento do amor dirigido a Deus, à natureza e a todas as suas criaturas, animadas e inanimadas, sem e com a bênção do pensamento.

De imediato surge o trabalho que dignifica, essa terapia que acalma, que produz a autorrealização e que promove a sociedade, facultando o progresso sob todas as formas possíveis.

Quando o ser humano se dá conta do significado do trabalho na sua existência, amadurece psicologicamente e ama o labor, seja ele qual for, entregando-se sem paixão, mas também sem revolta ao mister de edificar.

Aquele que trabalha e retira do seu esforço a remuneração usufrui a satisfação compensatória da sua dedicação, enquanto experimenta o bem-estar que resulta do estado consciente de que é útil, de que produz benefícios para a Humanidade.

O trabalho apresenta-se-lhe também nesse caso como recurso psicoterapêutico para manter a harmonia interior, o prazer de contribuir positivamente pelo bem geral.

Oportunamente, dois homens dialogavam em uma via pavimentada de uma grande urbe. Um deles era modesto operário semianalfabeto, enquanto o outro era um pensador de renome internacional.

Porque muito estimasse a companhia honrosa que lhe estava ao lado, o diligente trabalhador que não dispunha de títulos acadêmicos que impressionassem, mas que era ama-

Psicologia da gratidão

do pelos seus valores morais, num momento de entusiasmo durante o diálogo apontou para as lájeas do piso por onde seguiam e disse com incomum contentamento:

— Veja este piso. Fui eu quem o pôs nesta rua, há alguns anos, quando trabalhava numa empresa que servia à Prefeitura local.

Nele havia um júbilo incomum, uma gratidão sem palavras pela oportunidade de haver trabalhado em algo que lhe proporcionava felicidade.

E, de fato, as lajes estavam muito bem colocadas, demonstrando a habilidade do obreiro que as arrumara no solo...

Realizado psicologicamente, o homem simples não tinha conflito existencial, porque a sua era uma jornada de trabalho e de amor ao que fazia, como corolário do amor que nutria pela família e por todos.

A *sombra* nele diluía-se suavemente no *Self* consciente da sua realidade e dos seus limites.

Por outro lado, é comum pensar-se que um enfermo, alguém que experimentou um desastre emocional, outrem que se encontra sob o açodar de dores quase insuportáveis, mais alguém que padece a angústia da saudade de algum ser querido que foi arrebatado pela morte prematuramente, algumas vítimas de tragédias e mesmo alguns que permanecem imobilizados já não dispõem de um sentido existencial para continuarem vivendo. Trata-se de um grande equívoco, porquanto o significado existencial paira acima de circunstâncias ditosas ou menos agradáveis, constituindo um desafio aos valores morais do indivíduo que, diante do denominado infortúnio, encontra uma razão pelo menos para suportar os sofrimentos e ultrapassá-los, considerando-os de grande utilidade para a sua realização interior e sublimação dos sentimentos.

Sentindo-se honrados pela situação de se tornarem modelos para outras pessoas menos resistentes ao sofrimento, transformam-se em expoentes da coragem, da permanência na situação em que se demoram, anelando o prosseguimento da vida física ou confiando nos resultados superiores decorrentes do comportamento depois do fenômeno morte, quando isso vier a dar-se.

Imortal, o ser psíquico transfere-se de uma para outra dimensão da vida, utilizando-se do corpo físico ou deixando-o, conduzindo as experiências valorosas ou degradantes da sua existência orgânica.

O significado, portanto, de uma existência madura psicologicamente amplia-se além da área fisiológica para prosseguir no rumo da imortalidade, na qual todos se encontram situados por condição da vida que deu origem.

Terminasse no corpo o significado existencial e todos os sacrifícios que engrandecem o ser humano perderiam completamente o seu sentido.

O sentimento predominante nessa como em outras circunstâncias logo se percebe: é o da gratidão, filha do amor, do trabalho e da resistência às situações penosas...

SENTIMENTOS DE MÁGOA E DE DESENCANTO

Existe, na criatura humana, um sentimento perverso e de autodestruição que a leva a guardar mágoas e desencantos, como se fossem importantes para o seu desenvolvimento existencial.

Psicologia da gratidão

Certamente se trata de uma conduta masoquista, mediante a qual o indivíduo se transfere psicologicamente da alegria de ser para a satisfação de sofrer, assumindo uma atitude de vítima. Não conseguindo, por debilidade de valores morais, superar as situações menos ditosas, acomoda-se na postura de sofredor, buscando sempre compaixão, quando deveria lutar para despertar o nobre sentimento do amor.

Numa longa existência é fácil perceber-se que as mágoas e os desencantos, porque muito comentados, tornam-se aparentemente mais numerosos do que os momentos de risos, de felicidade, de harmonia, de aspirações belas e generosas...

Não raro se observa que as pessoas preferem a chancela de não amadas à condição de pessoas amorosas.

Lamenta-se uma criatura de nunca haver vivenciado a felicidade, nada obstante casou-se, tornou-se mãe... Se lhe disser que foi amada, talvez antes do casamento, e que também amou, mesmo depois, quando começaram as dificuldades, logo fugirá para a *bengala psicológica*, interrogando:

— Mas do que adiantou, se logo mais vieram as decepções e chegaram as mágoas?

Afirmando-se-lhe que a felicidade de haver sido mãe, até mesmo sob o ponto de vista fisiológico, enriqueceu-a de momentos de júbilo e prazer, logo recorrerá ao falso mecanismo defensivo:

— Deus sabe quanto são ingratos e indiferentes esses ditos filhos...

Nessa conduta doentia, somente foram anotadas as angústias e frustrações, talvez proporcionadas por ela mesma. Assim, o sentido existencial foi transformado em contínuo sofrimento, por causa da predominância do *ego* em todos os fenômenos da jornada.

O sofrimento desempenha um papel fundamental em todas as vidas, porque ninguém está isento da sua presença, em razão da transitoriedade da organização fisiológica.

O sofrimento, porém, poderá ser examinado sob dois pontos de vista: pelo *ego* assinalado por complexos inferiores e pelo *Self* idealista. O primeiro somente anotará desencanto e dor, porque os valoriza, sem a consciência de que esse fenômeno é perfeitamente normal e presente na estrutura orgânica de todas as formas vivas. O segundo procurará extrair os melhores efeitos da reflexão durante a sua vigência, o significado moral, os recursos aplicados para superá-lo ou sofrê-lo sem a auréola do martírio, da projeção do *ego* renitente e doentio.

Não se faz necessária uma condição religiosa para esse comportamento, porque é também logoterapêutica, por proporcionar sentido existencial ao ser humano.

Muitas propostas filosóficas e psicológicas encontram-se enraizadas nos princípios religiosos mais antigos, que exerceram o papel dessas doutrinas antes que elas fossem formuladas. Com o crescimento intelectual e tecnológico foram-se desdobrando, qual ocorreu, por exemplo, com a Psiquiatria que se ampliou na Psicologia, e esta se multiplicou em diversas escolas de comportamento, de terapia, de estruturação da psique e da personalidade.

Por tal motivo, aqueles que denominam a Psicologia como uma doutrina nova, resultado de elaboração algo recente, equivocam-se, porque os seus postulados modernos repousam em remotas religiões da Antiguidade tanto quanto

Psicologia da gratidão

nos postulados da Filosofia e das crenças populares de todos os tempos.

O ser humano é o enigma de si mesmo e, para melhor entendê-lo, sempre houve interesse de conseguir-se a sua interpretação.

As primeiras tentativas foram realizadas pelos filósofos que se depararam com o fenômeno da morte e passaram a buscar compreendê-lo, para melhor decifrar os conflitos e os temores que se lhe instalavam.

Por outro lado, os denominados mortos sempre tiveram a preocupação de desmistificar a ocorrência apavorante, demonstrando a continuidade da vida em outras condições vibratórias. Graças a esse interesse, surgiram as primeiras comunicações entre encarnados e desencarnados, que se não davam conta da magnitude dos eventos que lhes aconteciam na intimidade das furnas primitivas onde se refugiavam dos perigos...

O temor constituiu-lhes a primeira reação emocional ante o inusitado. Para expulsar esses inesperados visitantes, que os assustavam, imaginaram as práticas exorcistas, através de tudo quanto a sua imaginação e sensibilidade acreditavam possuir poder mágico de os libertar daqueles que haviam desaparecido pela morte e, apesar disso, retornavam. Nasceram, então, nessa fase, os cultos religiosos, alguns temíveis, consentâneos com o estágio antropológico em que se demoravam, sutilizando-se com o tempo até o momento em que foi possível a concepção dos recursos imateriais, de alto significado emocional, como a oração, a prática do bem, o sentimento de fraternidade aplicado em relação a todos, a ação nobre da caridade...

Apesar dessa formosa conquista psicológica, os atavismos perturbadores sempre ressumam no processo da evolução, sendo necessário que se os compreendam e os combatam, mediante o esforço da autoconfiança, da autorresponsabilidade, da autoiluminação.

A mágoa corrói os mecanismos eletrônicos do cérebro que passa a sofrer-lhe as ondas sucessivas de energia destrutiva, dando lugar a conexões distônicas no conjunto das reflexões e do comportamento, influenciando os sistemas nervosos simpático e parassimpático, ao lado de outros distúrbios. O ressentimento, portanto, é *ferrugem* nas engrenagens da alma, que sempre necessitam do lubrificante da confiança e da alegria de viver, facultando bem-estar e harmonia pessoal.

Todo indivíduo lutador, que se mantém atento ao cumprimento dos deveres, com o tempo mental repleto de ideias edificantes e de preocupações positivas, dispõe de um arsenal de recursos para os enfrentamentos e as incompreensões que defronta pelo caminho. Ninguém transita na Terra por caminhos sempre floridos e, mesmo quando existem muitas rosas, igualmente há inúmeros espinhos que possuem a finalidade especial de protegê-las.

Desejar-se uma existência física sempre risonha e fácil constitui imaturidade psicológica, estado de infância não vivida, que foi transferida para a idade adulta, porquanto em tudo e em todo lugar o processo de crescimento é como um contínuo parto que proporciona vida, mas que oferece também um *quantum* de dor.

Todos aqueles que atingiram as culminâncias do equilíbrio emocional e espiritual atravessaram regiões pantanosas de natureza moral entre amigos, correligionários e

Psicologia da gratidão

adversários, sem deixar-se permanecer nos redutos venenosos. Igualmente venceram muitos desertos e experimentaram solidão e quase ficaram desamparados. No entanto, porque se mantiveram com o pensamento colocado no êxito e não apenas no caminho que deveriam percorrer, alcançaram os patamares róseos do sentido existencial, da vida plena, sem nenhum tipo de ressentimento, porque se deram conta de que a alegria sempre esteve presente durante o período áspero de esforço e de sacrifício.

Compreenderam que a semente que pretende ser árvore deve arrebentar-se para lograr o destino que lhe está reservado. E, ao fazê-lo, veste-se de vitalidade e estua, crescendo e tornando-se bela, até o momento de explodir em flores e frutos, sementes e lenho a que se encontra destinada.

Assim também o ser humano, que necessita experimentar as transformações naturais que o arrancam do estágio de *criança maltratada* para a maturidade de adulto realizado.

Nesse processo está embutida a gratidão à vida e à oportunidade de ser pleno.

Terminasse no corpo o significado existencial e todos os sacrifícios que engrandecem o ser humano perderiam completamente o seu sentido. O sentimento predominante nessa como em outras circunstâncias logo se percebe: é o da gratidão.

8

A GRATIDÃO COMO TERAPÊUTICA EFICAZ

A NEUROSE COLETIVA
A TRADIÇÃO E A PERDA DO SENTIDO EXISTENCIAL
A GRATIDÃO COMO SENTIDO MOTIVADOR DA EXISTÊNCIA

Vive-se, na atualidade, a sofreguidão defluente das conquistas tecnológicas e científicas, que impele à rapidez em relação a tudo e a todos.

O tempo, que se não pode dilatar, sempre é responsabilizado pela impossibilidade de atender-se a todas as *necessidades* que são impostas pelas circunstâncias.

A multiplicidade de equipamentos eletrônicos que reduziram as distâncias e facilitaram a vida, igualmente se tornaram verdadeiros algozes daqueles que os utilizam.

Antes, uma correspondência convencional demorava por largo período entre o ir ao destino e retornar a resposta ao missivista. Um telefonema exigia que se aguardasse um certo período para poder tornar-se realidade. O rádio e a televisão, quando surgiram, eram de precária eficiência. Apesar disso, ao lado de outros recursos de que se dispunha, havia tempo para que se pudesse manter os contatos pessoais, as correspondências, acompanhar-se os acontecimentos...

Com inesperada rapidez, a eletrônica e a cibernética encarregam-se de melhorar os recursos técnicos e aqueles instrumentos passaram a uma condição de maior eficiência, facultando comunicações imediatas, ao *vivo em branco e preto*, depois *em cores*, e a velocidade tomou conta do planeta, tornando tudo instantâneo.

O intercâmbio virtual mudou as paisagens terrestres, tornando o mundo mais belo e mais trágico, os contatos mais rápidos e perigosos, o excesso de informações e de possibilidades de conhecer-se e de amargurar-se também...

Apesar disso, no computador ou num dos equipamentos modernos de telefonia com outros recursos, tais como máquina fotográfica, atendimento de internet e *e-mails*, mapas orientadores do trânsito, jogos, armazenamento de dados e muitos outros instrumentos, quando, por acaso, a operação está sendo executada e prolonga-se por poucos segundos, logo o indivíduo se impacienta, irrita-se, e pensa em trocar de aparelho por encontrar-se sobrecarregado...

A volúpia do consumismo devora as suas vítimas que se lhes entregam inermes, acreditando em gozo, sem o sentido da felicidade, em poder, sem a presença da paz interior.

Aturde-se o ser humano nesse labirinto de grandezas e de misérias, perdendo o direcionamento pessoal e a autoidentificação.

Fascinado pelas facilidades, escraviza-se a essa tecnologia de ponta, e perde a noção da realidade no dia a dia existencial.

Vive-se, de algum modo, uma neurose coletiva assustadora.

Desapareceram os limites impostos pelo organismo diante da exuberância de recursos para realizações e prazeres simultâneos, ensejando também o aumento da criminalidade,

Psicologia da gratidão

graças às mentes perversas e doentes, que se utilizam da sua invisibilidade para darem campo às suas perturbações e delírios mentais.

Sites de morbidez multiplicam-se atraindo os jovens desequipados emocionalmente, que se tornam presas fáceis da hediondez desses psicopatas, de algum modo por invigilância dos pais que lhes oferecem os equipamentos de comunicação virtual e não lhes dão as orientações devidas ou os deixam diante dos aparelhos de televisão banqueteando-se com as películas de sexo explícito e degenerado a qualquer hora do dia ou da noite...

Como efeito, dá-se antes do tempo um tipo de amadurecimento psicológico dos jovens, distorcido, mórbido, sem significado dignificante.

Tornando-se adultos antes do tempo, permitem-se integrar tribos e grupos criminosos por desafiarem o *status quo*, permitindo-lhes transformar os conflitos em sentimentos normais. A astúcia e a perversidade instalam-se-lhes no comportamento, levando-os a se tornarem *hackers*, que se comprazem em invadir a intimidade dos outros, contaminar os computadores com *vírus*, formando gangues ameaçadoras e perigosas.

A loucura assume o papel de normalidade e o perigo ronda a vida.

Essa alucinação faz o indivíduo soberbo, exigente, ingrato, bloqueando-lhe os sentimentos de amor e de justiça e desenvolvendo-lhe os instintos agressivos que deveriam ser disciplinados, odiando a sociedade, porque interiormente detestam-se.

Desamados, desde muito cedo, pelo desinteresse dos pais, com as exceções compreensíveis, experimentam o abandono a que são relegados em mãos de funcionários remunerados, pouco interessados pela sua harmonia psicológica e educação moral, e perdem o calor da afetividade, que não receberam, vendo, nos genitores, apenas responsáveis pelo fornecimento dos recursos para a manutenção da vida, mas totalmente desligados dos seus problemas, das suas reais necessidades...

Antecipadamente iniciados nos prazeres do sexo sem compromisso, os vícios de imediato se lhes instalam, começando pelos medicamentos para dormir, para despertar, para se excitar e para se acalmar, transferindo-se logo depois para as drogas químicas e alucinógenas.

O desvario toma conta da sociedade que se equipa de recursos eletrônicos para se defender, quando se deveria equilibrar com os sentimentos de amor e de compaixão para manter a saúde e a paz.

Apesar de todas essas inconsequências do comportamento humano, viceja no imo do ser a presença da paz e da saúde aguardando oportunidade de expressar-se.

Essencial, portanto, torna-se a busca do sentido existencial, o amadurecimento pessoal pela reflexão, mediante as ações de generosidade, a fim de que se modifiquem as paisagens humanas da sociedade aflita destes dias.

Esse transtorno neurótico avassalador é resultado do que Jung conceituou como *o sofrimento da alma que não encontrou seu sentido.*

Esse *sentido* não pode ser oferecido por ninguém, nem mesmo o psicoterapeuta dispõe de recursos para ofertá-lo, porquanto é de origem e significado pessoal, ensejando o nascimento do sentido existencial que vai sendo desdobrado

Psicologia da gratidão

pelos valores morais adquiridos durante a vilegiatura das experiências no trânsito carnal.

É necessário que cada ser descubra a responsabilidade de ser ele mesmo, como pessoa humana portadora de valores que devem ser multiplicados e vivenciados como paradigmas de significação iluminativa. Para que se alcance o estado *numinoso*, faz-se indispensável tornar-se luz desde cedo ou quando possível, permitindo que se faça ampliada com o combustível de estar consciente, responsável pelos atos, sem temores nem ansiedades afligentes.

Conseguindo-se compreender que se é responsável por tudo quanto lhe diz respeito, nele se instala o significado existencial que lhe faculta o dever para *tomar posições avaliadoras*. Tal dever representa saúde ética e moral, física e emocional, psíquica e espiritual, proporcionando-lhe, desde então, o *vir a ser* sem traumas nem culpas procedentes do passado.

A *sombra* que dominava o *ego* dilui-se no *Self* consciente da superação dos desafios.

Eis, pois, como se encontrar o sentido da vida.

A NEUROSE COLETIVA

Assevera-se com frequência que a *nova geração está desequilibrada*, como se os tormentos que a afligem fossem originados exclusivamente nela mesma. Não se dão conta aqueles que assim raciocinam que não existe efeito sem causa, que os transtornos que assomam na juventude hodierna, de certo modo, caracterizaram as gerações passadas que, a seu turno, implantaram novos ideais e comportamentos nos conceitos tradicionais do período em que viveram, causando choque na tradição vigente...

Ademais, as heranças transmitidas por leviandade e desamor dos *mais velhos*; a despreocupação com a família, que vem passando, desde há algumas décadas, a plano secundário no grupamento social; os comportamentos eminentemente egoístas dos cidadãos; o consumismo desenfreado; a busca incessante pelos prazeres insaciáveis; a indiferença pelo próximo contribuíram com vigor para o atual estado de alienação coletiva, que especialmente afeta os jovens destituídos de discernimento e de madureza emocional.

Os esportes, que deveriam representar conquistas psicológicas para catarses emocionais, espairecimentos, renovação de energias, afirmação de valores em relação aos melhores, transformaram-se em campo de batalha, quando as torcidas fanáticas e radicais agridem-se mutuamente, depredam, matam e se matam.

Ressuscitam-se com essa conduta as arenas romanas, onde o prazer era sanguinário e as vítimas sacrificadas inspiravam zombaria em total detrimento do significado de humanidade...

Nesse clima de desordem psíquica e emocional, essas chamadas torcidas organizadas marcam pela internet o lugar para os enfrentamentos, como ocorria nos campos de batalha do passado, e agridem-se de maneira asselvajada, ferindo, humilhando, assassinando, enquanto a sociedade estarrecida contempla as cenas hediondas e a elas vai-se acostumando.

O terror assume proporções jamais imaginadas.

É comum os jovens matarem pelo prazer de fazer algo diferente, para experimentarem emoções fortes, e mais tarde

Psicologia da gratidão

procuram anestesiar a culpa nas drogas, entrando em profunda depressão, mais matando para adquirir novas quotas para a manutenção do vício e matando-se lentamente ou de uma vez, em desespero suicida.

O índice de suicídios nos países civilizados é espantoso, porque a cultura é materialista, vivendo no inconformismo, e o prazer é o único motivo do significado existencial. Em consequência, as taxas de delinquência juvenil em toda parte são volumosas e prosseguem em crescimento.

Encontra-se, desse modo, instalada, a neurose coletiva e destrutiva.

A divulgação infeliz dos dramas e tragédias do cotidiano, através dos veículos de comunicação, em vez de apresentar propostas salvadoras, terapias preventivas e curadoras, estimula indiretamente os comportamentos frágeis a se tornarem *heróis*, a se fazerem destacados pela mídia, a desafiarem a cultura e a ética, acreditando no falso martírio que se deriva da covardia moral e da desestruturação psicológica em que se debatem.

As *almas dos jovens* encontram-se ansiosas e desorientadas, seguindo estranhos caminhos por falta de equilibrado roteiro para o encontro com a segurança interior. A educação no lar e a formal, nos institutos que se lhe dedicam, encontram-se também sem estrutura em razão de serem, aqueles que a propõem, estúrdios e desestruturados, ensinando teoria e vivenciando os desequilíbrios em que se tornam exemplos vivos, que logo se fazem copiados.

Dissemina-se com ufanismo a necessidade da autorrealização e da autoidentificação por meio de processos estapafúrdios e mórbidos que lhes chamam a atenção e os igualam nas tribos em que se homiziam.

Sem dúvida, a problemática é muito grave e está a exigir cuidados especiais de todos: pais, educadores, governantes, religiosos, sociólogos, psicólogos, pessoas sensatas que se devem unir, a fim de combaterem o inimigo comum: a falta de sentido existencial que se estabeleceu na sociedade.

Para se viver com dignidade necessita-se de um objetivo, de um sentido ético que se transforma em meta a ser conquistada.

Se for a busca da felicidade nos padrões mentirosos do consumismo ou do prazer, fruto do imediatismo, logo advêm a decepção e a falta de motivação para novos empreendimentos.

É indispensável, isto sim, despertar em todos a necessidade da autotranscendência, da superação das exigências do *ego* em *sombra* para o significado do *Self* imperecível.

Essa autotranscendência deverá ser sugerida habilmente, não imposta, despertada em todas as mentes como caminho seguro para a harmonia interior, para a existência adquirir sentido de gratidão, de correspondência com os demais, de significados libertadores.

É muito comum as pessoas interrogarem a respeito do significado das suas existências, tão acostumadas estiveram por múltiplas gerações a lhes serem imposto o mesmo.

No passado, as religiões dominantes estabeleciam que o primeiro filho deveria pertencer às armas, a fim de salvar o Estado, o segundo pertenceria a Deus, servindo à religião e entregando-se-lhe em totalidade, embora sem nenhuma vocação nem desejo. O mesmo ocorria em relação à filha que deveria servir a Deus, educar-se em serviços domésticos, sendo-lhe negado o direito ao conhecimento, à cultura, porque era tida como inferior, sem alma, sem discernimento...

Psicologia da gratidão

O absurdo imposto ressurgiu como hipocrisia, mediante a qual havia a postura convencional, que a sociedade aceitava, e o desvario oculto, criminoso muitas vezes, a que os indivíduos se entregavam, como forma de sobrevivência à asfixia imposta pela *neurose religiosa*.

As aberrações e extravagâncias eram praticadas, mas não constituíam crime nem censura, desde que não fossem divulgadas...

É natural que esse perverso atavismo ressurja do inconsciente coletivo e pessoal e imponha ao indivíduo a necessidade de que alguém lhe diga qual é o sentido da sua existência. Mesmo quando recorrem a determinadas psicoterapias, inadvertidamente alguns profissionais transformam-se em gurus, respondendo pelas vidas e comportamentos dos seus pacientes, em tentativa de eliminar-lhes as preocupações, o que resulta sempre em mantê-los na ignorância, na dependência doentia, na aflição mascarada de bem-estar...

O valor psicoterapêutico logo se distingue quando começa a libertar o paciente do pensamento do seu orientador, encontrando-se com a sua realidade e descobrindo-se, bem como as próprias possibilidades de realização pessoal e de objetivos essenciais para o bem-estar.

Desse modo, têm faltado honestidade e sinceridade intelectual nos formadores de opinião, nos educadores, nos psicoterapeutas igualmente problematizados, reservando-se às exceções normais a conduta saudável.

Uma visão nova da vida deve ser instituída por meio de processos psicoterapêuticos sadios, libertadores da neurose coletiva, trabalhando o indivíduo e depois o grupo social, a fim de que seja possível a conquista do significado existencial.

A TRADIÇÃO E A PERDA DO SENTIDO EXISTENCIAL

Durante muito tempo, a tradição, essa transmissão oral da cultura, dos hábitos, passada de geração a geração, constituía um princípio ético que se deveria respeitar a qualquer preço, pelo fato de pertencer ao pretérito, havendo-se tornado um paradigma da evolução. No entanto, nem tudo que a tradição tem transmitido merece a consideração que lhe era atribuída, sem uma avaliação, empírica, pelo menos, do seu significado.

O valor dos conceitos morais não pode ser atribuído a uma tradição que se baseia na castração e na violência à liberdade de pensamento, de expressão, de idealismo, submetendo todas as questões ao crivo do aceito e tido como digno de respeito.

Na educação doméstica, por exemplo, o temor a Deus e aos pais tornou-se uma tradição que a experiência científica da psicopedagogia erradicou da sociedade, porquanto toda forma de submissão pelo medo é punitiva e destruidora, produzindo inimagináveis danos naqueles que a isso se submetem.

Sendo a educação o processo de criar hábitos saudáveis, não se pode permitir o direito de tornar-se virulenta na observação dos seus preceitos, castigando e impondo-se para ser considerada como legítima. Pelo contrário, deve conquistar o educando por meio dos recursos poderosos de que se forma, especialmente pelo sentido de amor e de dignidade de que se reveste.

Por outro lado, no mesmo campo educacional, o respeito aos pais, aos mestres, *aos mais velhos* era estabelecido pela tradição como a obediência a todas e quaisquer

Psicologia da gratidão

imposições, por mais absurdas que fossem, sem direito à discussão, à análise, à observação racional.

O respeito é uma conquista que cada um consegue pela maneira como se comporta, pelos atos e palavras, pela convivência e forma de conquistar os demais. Toda vez que se estabelecem normas de imposição, violenta-se o livre-arbítrio, o direito de optar-se pela aceitação do outro com todas as maneiras absurdas que lhe são características. Certamente, não libera a rebeldia, nem a repulsa, nem a animosidade que resulte da presunção ou da prepotência daquele que se deseja impor. Mas impõe-se o direito de considerar os valores reais que formam o caráter de cada qual.

Desse modo, no imenso elenco de tradições morais, está embutida sempre a submissão irracional, a aceitação ilógica, violentando a personalidade do outro, daquele que deve ceder sempre.

Há, entretanto, tradições morais, sociais, religiosas, culturais louváveis, credoras da melhor simpatia, que merecem ser experienciadas pelos significados de que se revestem.

Exemplifiquemos aquela que diz respeito ao amor que deve existir entre os membros de uma mesma família. Essa propositura deseja estabelecer o clima de amizade e de consideração que se faz necessário no clã familiar, de modo que se preparem os indivíduos para a convivência geral com as demais pessoas pertencentes aos mais diferentes grupos e etnias. O treinamento no lar, mesmo com aqueles que são inamistosos por motivos diversos, inclusive pelas injunções de contingências pregressas, vividas em existências anteriores, auxilia o comportamento racional para as dificuldades que sempre surgem no grupo social e para a real compreensão dos problemas que afligem outras pessoas, tornando-as incapazes para uma convivência produtiva.

Sendo o lar um laboratório para a formação da personalidade, do caráter, dos sentimentos, a proposta da afeição recíproca entre os membros da família contribui para o equilíbrio emocional de todos, mesmo que se registrando diferenças de conduta, de companheirismo, de fraternidade, o que não se pode transformar em campo de batalha, reduto de ódios recíprocos, desenvolvimento das emoções reativas de uns contra os outros.

O exercício da tolerância que reveste a amizade, em predominando entre os familiares, supera as antipatias, por acaso existentes, terminando por gerar um clima de respeito entre todos, cada qual com a sua maneira de ser.

Em outros aspectos, igualmente há tradições de conduta que valem a pena analisar-se para lhes dar expansão, mas não generalizando-as somente porque são remanescentes do passado, quando os valores éticos possuíam outra significação.

Desse modo, as tradições absurdas que violentam a personalidade e que ainda se mantêm nos redutos mais severos e engessados da sociedade, seja por motivos religiosos ou políticos, de moral suspeita ou de outra natureza, respondem pela perda do significado existencial de muitos indivíduos que desde a infância recalcam os sentimentos, as aspirações, e anelam pela liberdade, pelo momento de poderem viver conforme os seus padrões ou o daqueles que são observados fora do seu círculo familiar.

Cada vez se torna inadiável a conduta do indivíduo que deve ligar-se a si mesmo, demorando-se em análise dos seus recursos e aplicando-os, ampliando o círculo das suas

Psicologia da gratidão

aspirações e lutando, avançando sobre os impedimentos com a tenacidade de quem os vencerá ou os contornará, a fim de encontrar a sua missão, a sua vida, descobrindo a própria transcendência, o significado em relação a outra vida, a outras pessoas, ao mundo em que se encontra. A preocupação aparente consigo próprio tem o sentido de crescimento interior e de desenvolvimento das suas possibilidades para os colocar a serviço dos demais, não se detendo em si, mas avançando na direção do grupo, no rumo da Humanidade. Deve ir além do *ego*, para ultrapassar os limites estreitos da sua realidade. Assim procedendo, será fácil o encontro com a transcendência, com a realidade existencial, podendo lutar com denodo e sem descanso, mas emoldurado por fascinante alegria de viver.

Quem assim não procede enfurna-se na autocomiseração, buscando a falsa autorrealização de sentido egoísta.

A vida vale pelo que se lhe pode acrescentar de bom, de belo, de útil, sem a valorização demasiada do empenho para consegui-lo.

O indivíduo necessita de um comportamento rico de religiosidade, isto é, de convicção interior, não de uma religião formal que muitas vezes o entorpece na ritualística ou na presunção de ser eleito em detrimento dos outros. Pelo contrário, é necessário estimulá-lo a desenvolver a consciência de que todo serviço dignificante e operoso é ato de religiosidade, de entrega emocional compensadora pela alegria de agir e de produzir.

Se lhe é possível vincular esse comportamento a uma religião que o impulsione ao crescimento ético e à liberdade de ação fraternal sem impedimento ou preconceito, mais fácil será a conquista dessa transcendência que responde pelo sentido existencial.

Enriquecido de emoções que se renovam em alegria e bem-estar, uma imensa gratidão por existir, por estar apto a servir, por poder contribuir em favor de todos, assoma do íntimo e o veste, iluminando-o, dando-lhe brilho ao olhar e entusiasmo para viver, rompendo-lhe todos os limites, embora anele pelo infinito.

Nesse esforço fascinante ocorre a perfeita integração do eixo *ego–Self*, o desaparecimento dos resíduos ancestrais, numa renovação que faz lembrar a transformação da lagarta lenta que se arrasta na borboleta leve e colorida que flutua no ar suave da natureza, após o sono que lhe proporciona a histólise e a histogênese...

No processo da transcendência, não poucas vezes ocorre esse letargo: um desinteresse pelo convencional, pelos impositivos das tradições, uma insatisfação interior e incômoda em torno dos padrões vivenciais, para logo ter lugar um processo de histólise psicológica a fim de alcançar a histogênese emocional e libertar-se do mecanismo pesado que sempre retém o idealista na dificuldade para discernir e encontrar o sentido existencial da vida...

A GRATIDÃO COMO SENTIDO MOTIVADOR DA EXISTÊNCIA

O ser humano é um conjunto eletrônico maleável que a consciência administra. A sua harmonia ou desconserto resultam do agente acionador dos seus equipamentos, que é a psique, a exteriorização do *Self*, que armazena, através do psicossoma, as informações de todas as experiências

Psicologia da gratidão

evolutivas, desde as primárias manifestações de vida, insculpidas no inconsciente profundo, remanescendo espontaneamente ou quando provocadas pela hipnose.

Nada se perde no arquipélago das vivências que se iniciam pelos automatismos biológicos e culminam nas manifestações da transcendência espiritual.

Todo o seu funcionamento é comandado pelos mecanismos automáticos do processo da evolução até o momento quando o *Self* lúcido passa a elaborar os conceitos do discernimento e da razão. Toda a harmonia dos equipamentos que funcionam de acordo com o estágio da evolução em que se encontram amplia-se mediante os atos responsáveis, assim como se desorganizam em razão das intemperanças e primitivismos que predominem na organização psíquica.

Todo esse desenvolvimento, que se perde no tempo em mais de dois bilhões e duzentos milhões de anos transcorridos, quando da sua origem em forma de primeiras moléculas atraídas umas às outras através da lei das afinidades, é uma sinfonia de bênçãos, que estimula a inteligência e a emoção ao sentimento da gratidão, a partir do momento em que se pode identificar-lhe a grandeza inimaginável.

É a maquinaria mais perfeita jamais contemplada pela razão humana que a vem copiando e tentando imitá-la por intermédio da robotização como de outros mecanismos tecnológicos, que sempre ficam aquém da sua complexidade infinita...

Assim considerando, o corpo, mesmo ultrajado por deficiências e disfunções, representa uma incomum oportunidade para o restabelecimento das peças estragadas pela invigilância daquele que o utiliza como recurso de autorreparação.

De igual maneira, os belos conjuntos corporais, caracterizados pela beleza defluente da harmonia das suas formas, constitui grave responsabilidade para aquele que o utiliza transitoriamente, sendo razão de mais graves reflexões do que nos limites em que se contorce nas provas e expiações depuradoras... Isso, porque todo o futuro repousa nas circunstâncias de como será utilizado pelo Espírito que momentaneamente o comanda.

A gratidão pela glória de encontrar-se nele deve expressar-se pelo respeito com que é utilizado, pela maneira como é conduzido com o objetivo de preservá-lo saudável e forte para as injunções inevitáveis do processo de crescimento para Deus. Embora toda a sua harmonia, uma picada de alfinete infectado pode produzir-lhe danos irreparáveis, assim como uma emoção descontrolada é capaz de alterar-lhe o funcionamento, proporcionando desajustes e transtornos físicos, emocionais e psíquicos de dolorosa recuperação.

A ignorância em torno da imortalidade do ser, em revide aos sacrifícios que se impunham ao corpo no passado, na busca da sublimação dos instintos e desejos normais, os cilícios e abstinências perversas, em revide às sensações de que se fazia objeto, manifestam-se, na atualidade, no culto das formas, na busca da aquisição do que é tido como ideal, que são programadas por personalidades nem sempre equilibradas emocional e sexualmente, encarregadas de estabelecer os padrões de beleza que a mídia divulga e consome.

Psicologia da gratidão

As cirurgias irresponsáveis, as lipoaspirações, os implantes e os transplantes de peças, os tratamentos levianos de preservação e de embelezamento, ao lado dos exercícios exagerados, das ginásticas de variadas significações, os cuidados alimentares que levam aos transtornos da anorexia e da bulimia tornaram-se fundamentais no campeonato da vaidade, sem nenhuma preocupação com a mente e o comportamento moral, fundamentais, estes sim, pela indumentária carnal...

Como o tempo é imbatível e não cessa de avançar no rumo da eternidade, calmamente impõe as suas marcas inexoráveis no funcionamento da máquina, que se altera e que imprime os hábitos viciosos, os conflitos interiores na argamassa celular, fazendo que os deuses de um momento despertem expulsos do Olimpo onde estiveram por um dia, perdidos nos porões do Hades do desencanto e da amargura, para onde foram atirados...

Graças à evolução genética das formas físicas, pode-se afirmar que os biótipos atuais, após haverem superado as experiências evolutivas, alcançaram um padrão de harmonia e beleza que bem indica a sua procedência, adquirindo mais equilíbrio estético em relação ao passado, com expectativas mais formosas para o futuro.

Nada obstante, Espíritos menos evoluídos podem utilizar-se dessa conquista e reencarnar-se com bela aparência, sem que os seus valores correspondam ao que se pode esperar daquilo que exteriorizam de maneira agradável e atraente.

Os impulsos interiores, porém, assim como os atavismos morais, conduzem-nos aos grupos primitivos de onde provêm, fazendo-os reviver as situações e hábitos que já deveriam estar superados.

Em razão dessa circunstância, grande responsabilidade cabe à educação, para que sejam dissolvidas as construções morais viciosas, auxiliando-os na aquisição de novos comportamentos que os ajudarão a libertar-se das marcas vigorosas que os caracterizam, facultando-lhes o treinamento de novos costumes, o anseio de aspirações mais elevadas, acima do imediato e fisiológico.

Nesse sentido, a dualidade amor e responsabilidade dão-se as mãos para a sua edificação interior, trabalhando os condicionamentos ancestrais e instalando novas condutas que se transformarão em a natureza ética e social, guiando-os no empreendimento fabuloso da reencarnação.

Esse programa salutar, constituído pela consciência do dever, estará sempre enriquecido de valores espirituais que despertam para a realidade de cada qual, apontando-lhe os rumos da iluminação, que perseguirá como sentido existencial, agradecendo a oportunidade e bendizendo-a.

O apóstolo Paulo, na sua epístola aos Colossenses, no capítulo 3, versículo 16, exorta os discípulos, convidando-os a louvar *Deus com gratidão em seus corações*. Oportunamente, referira-se, noutra epístola, aos Coríntios, à sua gratidão pelos padecimentos, por todas as aflições que lhe chegavam em razão da sua vinculação com Jesus.

Gratidão pelo sofrimento reparador, como gratidão pela alegria da fé iluminativa.

A gratidão nele habitava como sentido existencial, porquanto reconhecia que a dedicação ao ideal libertador

Psicologia da gratidão

do evangelho representava-lhe uma bênção, e que tudo no Universo sucede em intercâmbio de valores.

As dádivas fruídas são os frutos abundantes e opimos da sementeira produzida a suor e luta, mas com alegria feita de reconhecimento pela oportunidade de realizar algo dignificante, não apenas para si mesmo, mas que pode transcender o *ego* na direção de outrem, da comunidade.

Sem essa compreensão, a vida humana não tem sentido, mantendo-se no automatismo vegetativo, sem a significação psicológica enobrecedora.

Os fenômenos automáticos da nutrição, do repouso e da reprodução também são encontrados nos vegetais e nos demais animais da escala zoológica.

O ser humano que pensa tem deveres para com a vida, iniciando-a nas responsabilidades em relação a si mesmo, ao ato de viver e de sentir, de compreender e de amar...

Dessa maneira, a gratidão é também transcendência existencial, enriquecimento emocional e saúde comportamental, pela visão otimista que ultrapassa as barreiras do *ego* para se tornar significado motivador de plenitude.

Aquele que assim se comporta não apenas encontra o sentido, o significado existencial, mas a própria vida em toda a sua exuberância, sem a presença mórbida que é a *sombra* com as suas diversas máscaras, as bengalas psicológicas de fuga da responsabilidade que mantêm o ser humano no estágio do primarismo do qual procede.

A evolução nele instala-se a partir do momento em que, discernindo entre o que aparenta e o que é realmente, permite-se insculpir a consciência harmônica da responsabilidade moral proporcionadora da saúde integral.

O ser humano que pensa tem deveres para com a vida, iniciando-a nas responsabilidades em relação a si mesmo, ao ato de viver e de sentir, de compreender e de amar...

9
A PSICOLOGIA DA DIGNIDADE

AQUISIÇÃO DA DIGNIDADE HUMANA
HERANÇAS PERTURBADORAS
DIGNIDADE E GRATIDÃO

Algumas escolas psicológicas insistem que o indivíduo nasce plasmado pelos fatores genéticos e torna-se fatalmente o resultado da programação hereditária. Ainda afirmam que o contributo da educação é suspeito de ser produtivo na sua transformação moral, quando as suas são tendências perturbadoras e responsáveis pelo comportamento alienado ou desastrado, dócil ou afetivo, pacífico ou violento...

Não se podendo negar o impositivo genético na construção da aparelhagem fisiológica, o indivíduo é, antes de tudo, o *Self* responsável pelos seus conteúdos psíquicos, o Espírito, que herda de si mesmo as experiências vivenciadas em existências pretéritas. Não sendo a concepção fetal o momento da criação da psique, nem a morte biológica o término das suas funções, o ser energético e pensante evolui lentamente, qual aconteceu com as formas biológicas desde os *ensaios* grotescos dos seres primários que se tornaram os protótipos iniciais da atual organização humana... Pode-se mesmo recuar esse período ao das primeiras expressões moleculares no fundo dos oceanos, quando *fascículos de luz*, que vieram de outra dimensão, mergulhando nas águas salgadas, passaram a estimular as referidas moléculas, formando os organismos unicelulares, ordenando-se em expressões pluricelulares e seguindo o processo evolutivo... Esses mesmos *fascículos de luz* desenvolveram-se no que viria a ser a energia vital, o psiquismo animal, o ser espiritual do período de humanidade...

Não são, desse modo, os caprichos dos genes que formam o ser, as suas características físicas, emocionais e psíquicas, embora a sua prevalência, mas, sim, o Espírito que neles imprime as necessidades de desenvolvimento intelecto-moral.

Assim sendo, a educação desempenha um papel de alta relevância no seu desenvolvimento cultural, emocional, comportamental, trabalhando-lhe os valores internos e impulsionando-o à conquista do Infinito.

A aquisição de hábitos saudáveis, aqueles que são considerados edificantes e produzem harmonia emocional no grupo social, a transformação das tendências agressivas e dos sentimentos de baixa estima para melhor, o esforço para qualquer realização dão-se por intermédio dos processos educativos, especialmente aqueles de natureza moral, que são os exemplos, ao mesmo tempo em que, mediante o estudo, ocorre o desenvolvimento cultural e intelectual, num somatório de valores que enobrecem o ser humano.

À educação, no seu sentido *lato*, está reservada, portanto, a grande tarefa de construir o homem e a mulher melhores e mais sociáveis, neles desenvolvendo os germes do amor e da dignidade, com os quais progride espiritualmente, tornando-se úteis à comunidade, após transcenderem

Psicologia da gratidão

os limites egoicos, quando lhes é possível adquirir a consciência de paz e dos valores éticos que constituem a vida pensante.

Houvesse o fatalismo genético sem chance de mudança, o significado do progresso desapareceria, permanecendo a brutalidade ancestral, o primitivismo arbitrário, sem as claridades do saber, do comportar-se, da autoiluminação. Em assim sendo, nenhuma das doutrinas científicas e filosóficas teria razão de existir, porque a psique estaria incapacitada para as assimilar, na sua condição de independente dos fenômenos fisiológicos automatistas.

É incontestável no Universo a presença da força do *Deotropismo* como fonte convergente de tudo e de todos.

À semelhança da luz que atrai os vegetais, vitalizando-os e auxiliando-os nos *milagres* que se iniciam na germinação e prosseguem até a inflorescência e frutificação, a atração de Deus como Criador torna-se a poderosa emulação para os fenômenos que ocorrem em toda parte.

Fonte inesgotável de energia, é a causalidade transcendente de tudo...

Lucigênito, o ser humano, através dos complexos processos e mecanismos da evolução, avança na busca do estado numinoso, da perfeição que lhe está destinada.

Uma ordem moral, em consequência, responsável pelo equilíbrio galáctico, vige no cosmo e manifesta-se em tudo como Lei de Progresso que comanda o desenvolvimento ético e espiritual, nada ficando indene à sua ação de convergência.

Por tal razão, a evolução é inevitável, incessante.

Bastem alguns instantes de reflexão em torno da vida em todas as suas expressões e se perceberá essa fatalidade iniludível, que se manifesta no impulso inicial, facultando a complexidade das formas e das apresentações, fixando a sua historiografia caracterizada pelos fenômenos cada vez mais nobres e melhores, estruturados em incessante desdobramento. Jamais ocorre, nessa progressão, nenhum tipo de retrocesso, de retorno aos momentos caóticos do princípio, nos quais, de alguma forma, sempre houve ordem...

Essa ordem moral foi detectada no século XIX, dentre outros, pelo teólogo inglês, mestre em Oxford, C.S. Lewis, que a denominou como *lei moral*, dessa maneira evitando a designação de Deus, que desagradava os cientistas de então...

Através desse conceito, o eminente pensador estabeleceu o conceito que se encontra na *lei do comportamento correto*, que oferece a melhor conduta para as situações mais diversas, pautadas dentro da ética do bem, filho nobre do dever. Logo propôs o conceito do *certo* e do *errado*, que é universal entre as criaturas humanas, embora as diferentes manifestações encontradas entre os povos primitivos e os civilizados, efeito natural da Lei de Progresso.

Allan Kardec, o preclaro estudioso dos fenômenos da vida e da imortalidade, por sua vez detectou a *lei natural*, que é a *lei de amor*, defluente de Deus, e apresentou um complexo e completo esquema sobre as dez leis morais que dela se derivam, abarcando tudo quanto se faz necessário para o estabelecimento da psicologia da dignidade humana, do comportamento correto.

O esquema kardequiano inicia-se com a análise *Da lei divina ou natural* e termina no capítulo *Da lei de justiça, de amor e de caridade*, para deter-se num estudo pleno a respeito *Da perfeição moral*, que antecede os valiosos esforços da Psicologia junguiana, estabelecendo como o instante pleno da vida aquele que diz respeito à individuação, ao estado numinoso.

O *insight* kardequiano encontrava-se em germe no Universo e todos quantos sintonizavam com as leis cósmicas igualmente o captaram, vestindo a ideia de acordo com as próprias características emocionais, culturais, religiosas.

Em todo esse colossal edifício filosófico de natureza moral ressaltam os valores que dignificam a existência da vida na Terra, o natural esforço de cada criatura humana para a superação dos vícios ancestrais e a aquisição das virtudes, que são as realizações edificantes do processo evolutivo.

Todas as proposituras da vida humana estabelecem a ética do comportamento correto, em razão de outra lei, a *de causa e efeito*, que demonstra a harmonia em tudo, concedendo ao ser pensante o livre-arbítrio, mas também a responsabilidade em torno dos seus pensamentos, palavras e atos, porquanto, sendo ele o semeador, também é o ceifador de tudo quanto ensemente.

Esse impositivo estabelece o princípio da consciência, da responsabilidade que abre campo para a instalação da culpa ou da tranquilidade, de acordo com o comportamento de cada indivíduo.

Todos são livres para as condutas mentais, emocionais e morais que lhes aprouver, assim como das suas consequências.

Indispensável, portanto, a manutenção da *lei moral*, que induz à conduta psicológica saudável.

Joanna de Ângelis / Divaldo Franco

Aquisição da dignidade humana

A essência do ser humano é o *Self* que procede do Divino Psiquismo.

Em toda a sua trajetória evolutiva, a busca da dignidade humana constitui-lhe o grande desafio, culminando no sentido existencial até alcançar a própria transcendência.

À semelhança de um diamante bruto no início, *sofre* os vários processos de lapidação para alcançar a transparência que o transforma numa estrela reluzente. Etapa a etapa, no processo de desenvolvimento, faculta-se o surgimento do *ego*, da *sombra*, das expressões da *anima* e do *animus*, que se encontram adormecidos, para os sintetizar em grandiosa harmonia, como no princípio, quando unidade... Ocorre, porém, que a unidade inicial era *grotesca*, sem discernimento, sendo um conjunto que se deveria expressar, qual semente que necessita dos fatores mesológicos para desabrochar a vida em latência. À medida que houve a sua fissão, que facultou o surgimento do *ego*, logo se apresentaram os demais arquétipos com a predominância da *sombra* responsável pela situação de ignorância que permaneceria ao longo do fenômeno do seu desenvolvimento.

Adquirida a consciência, mesmo quando no período da fase embrionária no reino animal, em forma de uma *inteligência primária*, o discernimento entre o certo (o que produz prazer e gera bem-estar emocional) e o errado (o que proporciona sofrimento e desgaste), o bem e o mal, dando lugar às necessidades de elevação, de mudança de patamares que deveriam ser vivenciados, até ser alcançada a harmonia entre os opostos: o *yang* e o *yin*.

Psicologia da gratidão

Essa identificação entre as duas partes diferentes em unificação de identidade representa a bênção da *sombra* no *Self*, que, após colher os resultados positivos desse conhecimento, dilui-a, absorvendo-a em tranquilo processo de assimilação dos seus conteúdos, transformando aqueles que lhe constituíam obstáculo em valiosos impulsos para mais amplas conquistas.

Havendo sido descoberta a ética moral, nesse ampliar de percepções éticas, a necessidade de conduta digna logo se apresentou ao *Self*, que passou a vivenciá-la, superando a pouco e pouco as síndromes perturbadoras dos mecanismos inferiores que foram ficando na história do passado.

Tal dignidade, no entanto, supera algumas convenções sociais vigentes, nas quais há predomínio da *sombra*, em razão dos interesses mesquinhos que invariavelmente representam o comportamento das pessoas. Nessa conduta, o egoísmo prevalece, em razão dos conflitos que os assinalam, especialmente os medos disfarçados, as desconfianças inquietantes, as inseguranças e as culpas não absorvidas, as invejas perniciosas, constituindo um pano de fundo para os esconder, vivendo-se as manifestações da *persona* em detrimento do *Si-mesmo*...

Ditas convenções também respondem por alguns transtornos nas constituições emocionais débeis, que lamentam a falta de possibilidade de participação nos aglomerados exitosos, cheios de ruídos e de embriaguez dos sentidos, que os marginalizam e os isolam nos guetos onde se homiziam infelizes...

A dignidade humana é o degrau moralizado e emocional tranquilo que o *Self* alcança, após a superação da *sombra*, haurindo os seus elementos na psicologia de Jesus, que reverteu os padrões éticos dominantes no seu tempo, elaborando novas propostas de integração no pensamento cósmico.

Até ele enunciar os postulados da autoedificação moral, o vencedor sempre era aquele ser agressivo que anatematizava o outro que se lhe submetia pela força, pelas manobras cavilosas, que permanecia derrotado e submetido à humilhação, ao desdouro social.

Com ele, o verdadeiro vencedor é aquele que se autovence, superando as paixões primárias e conflitivas do ser fisiológico, dos primórdios do ser psicológico, todo dúvidas e angústias, para se apresentar em equilíbrio, mesmo quando as circunstâncias não se apresentam como as melhores.

Com ele, a vitória máxima lograda por um ser humano é a conquista da faculdade de amar e de entrega aos ideais de enobrecimento que o promovem a uma situação psicológica mais feliz e resulta na constituição de um grupo social sem *sombra* e sem desarmonia.

Ele demonstrou que a finalidade existencial que deve atrair o ser humano está exarada no sentido da autoiluminação, da superação dos próprios limites, num *continuum* incessante que conduz à paz.

A dignidade, portanto, é esse valor conseguido pelo esforço pessoal que destaca o indivíduo do seu grupo pelos valores intrínsecos de que se investe, tornando-se líder e possuidor da honra e da posição especial que foram conseguidas através dos tempos. Isso, porém, não o torna jactancioso, que seria estar escravizado à *sombra*, nem tampouco o faz diferente na maneira como convive com as demais pessoas. É simples, porque íntegro, manso, mas não conivente com os comportamentos heterodoxos, pacífico, no

Psicologia da gratidão

entanto não leniente com o ultraje ou o crime, humilde, sem a preocupação do uso de andrajos e descuidos de higiene para com o corpo, que reconhece ser o sublime instrumento para a sua evolução.

Quem se poderia apresentar com a dignidade de Jesus, ultrajado, mas não ultrajante, vencido, mas não submetido, crucificado e com os braços abertos simbolizando um infinito afago dirigido a todas as criaturas?!...

(...) E quando tudo indicava que se encontrava destruído, ei-lo ressurgindo da sepultura em momentosa manhã de imortalidade.

O *Self* que se exorna de dignidade exterioriza todo o sentido profundo da *lei da gratidão* e da sua psicologia que exalta a vida, que a fomenta e a mantém em todas as fases e circunstâncias em que se apresente.

Nos conceitos sociais vigentes, a dignidade tem sido confundida com o poder político, econômico, religioso, comunitário, legislativo, governamental... Razão pela qual se confunde destaque exterior com enriquecimento íntimo de valores transcendentais. E também motivo pelo qual esses que logram os lugares de relevo na sociedade tornam-se verdadeiros equívocos para as massas que deles esperam outros comportamentos além dos que são apresentados nos conciliábulos de corrupção, de desmandos, de acobertamentos dos crimes praticados pelos seus comparsas.

Pode-se, sem dúvida, encontrar dignidade em alguns indivíduos que alcançaram esse destaque, não sendo, porém, a posição que a define ou a apresenta, e especialmente naqueles que permanecem no desconhecimento das massas, os anônimos e nobres construtores da Humanidade melhor.

Mantendo a herança do passado como advertência inscrita no inconsciente profundo, o *Self* sempre cresce, graças à faculdade de compreensão do que constitui valor real em relação àqueles que são apenas aparentes.

Qualquer situação que se vincule a erros do passado dispara o gatilho da lembrança inconsciente e logo se recompõe, tomando comportamentos diversos mediante os quais não mais se permite a instalação da *sombra* já superada.

Explicite-se, pois, a necessidade da construção da dignidade humana em todos os passos da existência física, e a gratidão envolvendo cada sentimento que se exterioriza do ser, tornando-se doce e suave encantamento enriquecedor.

HERANÇAS PERTURBADORAS

A indiferença moral por tudo quanto se recebe da vida, dos missionários do passado que contribuíram para os valiosos tesouros que hoje são utilizados em forma de longevidade, conforto, saúde, ciência e tecnologia, repouso e convivências agradáveis, responde pela ingratidão.

O ser ingrato é responsável por dissabores e desencantos que afetam o núcleo familiar e o reduto social onde se encontra em ação.

Se a claridade é bênção que facilita as realizações, a treva é geradora de dificuldades para as mesmas atividades.

Assim é o ingrato, que respira prepotência e soberba, na sua tormentosa condição de explorador do esforço alheio.

Psicologia da gratidão

Um motorista de táxi percebeu que, ao deixar um cliente no aeroporto, este esqueceu-se de carregar a pasta que ficou no banco traseiro. Preocupado, o modesto servidor deteve-se no retorno à cidade, parou o carro, examinou a pasta e encontrou-a abarrotada de documentos e de valores amoedados. Receando o desastre para o desconhecido, fez a volta, acelerado, estacionou o veículo, correu ao terminal, e recordando-se vagamente da companhia que o cavalheiro indicara, à porta da qual deveria estacionar, correu na sua direção.

Com rara felicidade, encontrou o proprietário do valioso objeto que acabara de fazer o *chek-in* e parecia procurar a pasta entre as duas sacolas de compras que carregava nas mãos.

Sorridente, acercou-se-lhe e entregou-lhe a maleta com todos os seus bens.

É certo que não esperava nenhuma retribuição. Estava feliz pela oportunidade de fazer o bem. No entanto, o passageiro, agressivo e insensível, olhou-o com certo espanto, como se houvesse suspeitado que fora ele quem retivera o seu volume, e não lhe disse uma palavra sequer, saindo com velocidade na direção da sala de embarque...

O motorista experimentou um frio percorrer-lhe a espinha e uma estranha sensação de angústia.

Meneou a cabeça, aturdiu-se, e tomou o carro em direção à cidade.

No mesmo momento em que dava a partida, outro passageiro sinalizou-lhe que necessitava do veículo, ele se deteve, e o estranho adentrou-se.

Pediu o endereço e partiu.

Estava atordoado e, de quando em quando, como se estivesse num monólogo pesado, meneava a cabeça.

O passageiro perguntou-lhe o que se estava passando.

Necessitado de uma catarse, ele narrou a ocorrência, acrescentando:

— Nunca mais eu devolverei qualquer coisa que fique no meu carro por esquecimento de quem quer que seja. E porque sou honesto, não ficarei para mim, mas preferirei atirar no lixo a voltar para entregar.

E arrematou:

— Eu não desejava nada, nem sequer o reembolso da despesa que me custou para lhe fazer a devolução. Tudo seria para ele somente prejuízo, porque ele nunca saberia onde procurar o seu volume, desde que nem sequer anotou o número da placa do meu carro...

Fez uma pausa e concluiu:

— O pior foi o seu olhar severo de dignidade ferida, como a dizer que eu fora o responsável pelo seu esquecimento, ou que lhe furtara a maleta...

A gratidão é combustível para a claridade da vida, assim como a cera para o pavio da vela manter-se aceso.

A ingratidão é bafio pestilento que contamina os outros com os seus miasmas e pode torná-los semelhantes.

Por que alguém se atribui tanto mérito que nem sequer lhe ocorre algumas palavras de reconhecimento pelo que recebe? Onde está a sua superioridade que exige sejam os outros que se disponham sempre a servi-lo?

A ingratidão é síndrome de atraso moral e de perturbação emocional que infelizmente sempre grassou na sociedade de todos os tempos.

Psicologia da gratidão

Herança perturbadora, que procede dos atavismos iniciais do processo evolutivo, mantém o indivíduo no estágio de predador, e está demonstrado que o ser humano é o maior dentre todos os outros, causando sempre prejuízos à natureza, à comunidade, à família e a si próprio...

Esse patrimônio infeliz faz parte do conjunto de outros vícios morais e espirituais que fixam as suas vítimas no atraso social. Sombra perversa, prejudica o discernimento do *Self*, demonstrando o estágio ancestral em que o indivíduo se detém. Ei-lo em pessoas que são muito simpáticas em relação aos estranhos, exclusivamente com o fim de os conquistar, enquanto são grosseiras com aqueles com os quais convivem, que as ajudam em silêncio e dignidade, e que os detestam, porque lhes reconhecem a superioridade. A ingratidão é descendente da inveja mórbida que não consegue *perdoar* quem se lhe apresenta com recursos superiores aos que porta. É rude de propósito, porque não podendo igualar-se, gera perturbação e desconfiança, a fim de atrair para baixo quem se lhe encontra em situação melhor.

Egotista, o ingrato somente sorri quando pretende lucro e unicamente demonstra gentileza quando espera projeção do *ego*.

Sob o ponto de vista psicológico, a ingratidão é síndrome de insegurança e de graves conflitos íntimos que aprisionam o ser atormentado.

A gratidão deve ser treinada, a fim de poder ser vivenciada.

Como as heranças perturbadoras predominam nos comportamentos humanos, pela duração do período em que se estabeleceram, é necessário que novos hábitos sejam fixados, substituindo aqueles negativos, até poderem transformar-se em condutas naturais.

A convivência social torna-se, não poucas vezes, muito difícil, exatamente por causa dessas heranças perversas do *ego*, que recalcitra em abandoná-las, comprazendo-se na censura, quando podia educar, na acusação, quando seria melhor socorrer, na maledicência, quando se torna perfeitamente viável a referência enobrecida, desculpando os acidentes morais do próximo.

O ser humano está em constante evolução como tudo no planeta, melhor dizendo, no Universo. Não existe uma lei de estancamento, pois que esta conspiraria com o fatalismo da evolução e do processo ininterruptos.

Tudo evolui, passando por inúmeras etapas do programa de crescimento.

Sob o ponto de vista moral, esse mecanismo proporciona sempre conquistas novas, enriquecimento interior se o indivíduo encontra-se lúcido para o registro de cada etapa, para a alegria e gratidão pelos novos passos que mais o aproximam da meta proposta, que almeja alcançar.

Transformar, portanto, essas heranças doentias em experiências renovadoras é uma das metas a que se deve dedicar todo aquele que aspira ao bem, ao belo, ao amor, à vida...

DIGNIDADE E GRATIDÃO

Na pirâmide demonstrativa da autorrealização apresentada por Abraham Maslow, o eminente psicólogo tem o cuidado de estabelecer uma *hierarquia das necessidades* humanas, iniciando-as por aquelas de natureza fisiológica, portanto de preservação da vida (alimento, água, oxigênio).

Psicologia da gratidão

O ser humano, segundo ele, lutará sempre para atender essas necessidades que são fundamentais, num processo de seleção em níveis diferenciados até alcançar o das *experiências limites*, que passa a ser o clímax do processo de amadurecimento psicológico saudável, portanto ideal.

Nesse grandioso afã, todas as experiências permitem conquistas novas, libertando-se de umas para outras *necessidades* que abandonam o plano físico para se transformarem em anseios emocionais e idealísticos superiores.

O Dr. Frankl, por sua vez, adotou a proposta do *significado existencial* como de maior relevância, considerando que, atingido um patamar de autorrealização em determinada área, o indivíduo pode permanecer incompleto noutra; quando, no entanto, se vincula a um sentido psicológico, mais fácil se lhe torna o crescimento interior rumando na conquista da individuação.

Asseverava Epicuro que *as pessoas felizes lembram o passado com gratidão, alegram-se com o presente e encaram o futuro sem medo.*

Nessa atitude epicurista, o ser humano mantém a sua meta existencial, agradecendo tudo quanto lhe aconteceu no pretérito e tornou-se-lhe base para as alegrias da atualidade, dispondo de coragem para os futuros enfrentamentos, certo da conquista da beleza, da ética, da harmonia.

Preparando-se inicialmente para conseguir a vitória sobre as dores físicas, logo percorre o caminho da coragem ante os insucessos emocionais, morais e as demais vicissitudes, numa atitude hedonista que lhe faculta alegrias contínuas e antevisão do porvir abençoado pela superação das ocorrências que infelicitam.

Uma atitude de tal monta reveste-se, sem dúvida, de dignidade, desse valor moral que enriquece aqueles que permanecem fiéis aos postulados do dever e da honra.

Pode-se acrescentar que a dignidade é o resultado das aquisições éticas decorrentes dos comportamentos que se fixam *na justiça, na honradez e na honestidade.*

Essa conduta digna é sempre a mesma, vigorosa e forte, que suporta a zombaria dos pigmeus morais, não se submetendo ao desconhecimento proposital imposto pelos servos da ignorância e áulicos das situações deploráveis.

Grande número de desfrutadores das oportunidades mundanas, sem nenhuma responsabilidade de fomentar o progresso, sorrindo sempre e parecendo felizes nos carros alegóricos das fantasias, terminam vitimados pela *síndrome da ansiedade esquiva,* que os atira aos calabouços de conflitos muito graves, especialmente porque tentam disfarçar os medos e as angústias que lhes sitiam o *Self,* sem o caráter moral para o autoenfrentamento, do que resultaria o equilíbrio emocional.

Pascal afirmava com sabedoria que *a nossa dignidade consiste no pensamento. Procuremos, pois, pensar bem. Nisto reside o princípio da moral.*

Evidente é, pois, que todas as construções têm início no pensamento, na elaboração das ideias, na área psicológica. Quando têm por finalidade o desenvolvimento dos tesouros morais, o pensamento enfloresce-se de corretas elaborações, daquelas que promovem o bem, abrindo espaço para a conduta moral.

Mediante esse comportamento que é psicoterapêutico preventivo em relação a muitos transtornos que são evitados, o ser amadurece emocionalmente, dispondo-se a enfrentar quaisquer situações desafiadoras com coragem e ética, jamais se utilizando de expedientes reprováveis para lograr as metas que almeja.

Definindo os rumos da *arte de pensar*, logo se desenham as avenidas do bem proceder, contribuindo decisivamente para o bem geral.

Torna-se compreensível a necessidade do comportamento digno, elaborado mediante os pensamentos e as ações saudáveis, incluindo o sentimento de gratidão que se encarrega de envolver tudo nas vibrações da afetividade. Sem essa afetividade que discerne os significados existenciais e os bens decorrentes da experiência humana, desaparecia o sentido psicológico proposto para a jornada.

O homem e a mulher gratos são elementos decisivos na estrutura da sociedade, que mais se valoriza e engrandece, quando se compõe de seres que dignificam a própria condição de humanidade.

O ingrato, por sua vez, torna-se morbo no clã onde vive, no conjunto social e em todos os grupos em que se movimenta.

A sua presunção e conflitos, somados com as tendências perturbadoras da inferioridade, estimulam a decomposição do organismo geral, no qual se encontra, na condição de planta parasita devastadora, que surge débil e culmina destruindo o *cavalo* no qual se hospeda...

A educação firmada em princípios de dignidade estatui a gratidão como norma de conduta saudável, sem a qual se torna difícil, senão impossível, a estruturação de um conjunto humano equilibrado.

Velho hábito vicioso, instala-se nos indivíduos desde a infância, que é o de receber dádivas e não as valorizar, sempre tendo em vista o preço, a grife, a aparência, como se fora credor de todos os sacrifícios dos outros, sem nenhuma consideração pelo que recebem, não demonstrando nenhuma gratidão. Essa conduta egotista trabalha em favor da indiferença afetiva dos demais, que passam a desconsiderar esses ingratos, deles afastando-se e *vacinando-se* contra o hábito superior da gratidão... Não são poucas as pessoas que, após a desconsideração dos insensatos rebeldes e cheios de si, desanimaram-se nos propósitos de bem servir e de ajudar, receando as recusas, os humores negativos, passando a cuidar dos próprios interesses.

Certamente, aquele que assim procede, dando validade à ingratidão dos enfermos espirituais, ainda não consolidou o sentimento nobre, estando em experiência, em exercício, aguardando resposta favorável ao seu gesto. Mas é natural que assim aconteça, porquanto ninguém atinge o acume de um monte sem iniciar a caminhada pelas suas baixadas...

À medida que ocorre o amadurecimento psicológico e a dignidade atinge alto nível de emoção, nada diminui o comportamento honorável nem o sentimento gratulatório.

Conta-se que certo executivo tinha o hábito de adquirir o jornal do dia, após o expediente, em uma banca fronteira ao edifício em que trabalhava. Sempre que solicitava ao responsável o periódico, este atirava-o com mau humor na sua direção, e ele retribuía o gesto infeliz com palavras de gratidão.

Certo dia, um homem que trabalhava junto e que se cansara de ver a cena desagradável, perguntou ao cavalheiro:

— Por que o senhor volta sempre a adquirir o jornal na banca desse estúpido, que sempre o trata mal?

Psicologia da gratidão

Depois de reflexionar um pouco, o gentil homem respondeu:

— Por uma questão de princípio. Eu me impus a tarefa de não permitir que a sua grosseria me fizesse fugir, ou me tornasse deseducado e igual a ele, já que sou muito grato à vida por tudo quanto me tem favorecido.

O mal não afeta o bem, que lhe é o antídoto.

Perseverar na conduta correta, mesmo quando ultrajado ou desconsiderado, transforma-se no desafio da saúde moral no comportamento social, a fim de o modificar, trabalhando em favor de uma nova mentalidade que se há de estabelecer entre todos no futuro.

A gratidão é combustível para a claridade da vida, assim como a cera para o pavio da vela manter-se aceso.

10
TÉCNICAS DA GRATIDÃO

GRATIDÃO A CURTO E A LONGO PRAZO
GRATIDÃO COMO NORMA DE CONDUTA
GRATIDÃO E ALEGRIA DE VIVER

A gratidão pode ser considerada como uma condição para se viver feliz, conforme a definiu Albert Schweitzer, informando que ela era *o segredo da vida*.

Ele, mais do que qualquer outra pessoa, sempre bendizia a vida, apesar daqueles dias nem sempre confortáveis em Lambaréné, na África Equatorial Francesa, onde mantinha a sua obra de dignificação humana.

Europeu da cidade de Kaysersberg, na Alsácia, ao transferir-se com a esposa para aquela região hostil, experimentou o áspero clima tropical, a elevada umidade do ar na floresta densa, as condições quase inóspitas para alguém que sempre vivera em região fria e civilizada, a falta de recursos para qualquer tipo de comodidade, e, apesar de tudo, manteve o sentimento de gratidão viva em sua existência, cantando louvores a Deus.

Foi ali, em condições desafiadoras que ele escreveu duas obras monumentais: *A busca do Jesus histórico* e um *tratado de ética* dos mais belos do século XX.

A sua ética estava expressa no conceito: *respeito pela vida*, que ele defendia com sacrifícios até o máximo possível.

Uma análise das bênçãos que a existência física proporciona seria suficiente para se agradecer por se estar vivo no corpo; pelo ar que se respira; a água, o pão que a natureza fornece, ao lado das maravilhas de que se veste o Cosmo; as noites estreladas, a poderosa força mantenedora do Sol e a tranquilidade magnética da Lua, a brisa refrescante, a chuva generosa, a temperatura agradável... tudo que vibra e que merece gratidão.

É certo que existem os desastres sísmicos, as tormentas de vário porte, que também são dignos de reconhecimento, facultando a valorização do que é saudável e dignificante.

Fossem apenas agradáveis todos os fenômenos existenciais e não haveria mecanismo válido para se promover o progresso moral do ser assim como o desenvolvimento científico e tecnológico da sociedade.

Envolto no escafandro material, o *Self* é candidato à superação das circunstâncias, trabalhando-se com afinco para alcançar a plenitude da sua *função indestrutível*.

Inspirando o *ego* a modificar a estrutura do comportamento, faculta-lhe, ao longo do tempo, a visão inspiradora do desenvolvimento interno, diluindo a *sombra* que também se lhe torna motivação para a conquista de novas experiências, proporcionando-se bem-estar, que é essencial para uma existência compensadora.

A busca dessa sensação de alegria e de satisfação transforma-se num motivo estimulante ao *ego*, mesmo que relutante, porque a ausência desses pequenos prazeres aumenta o sentimento de culpa, frustra a autorrealização, empurra

Psicologia da gratidão

para transtornos complexos e mórbidos, que se transformam em enfermidades orgânicas por somatização.

É nesse embate que surge a necessidade da gratidão, não apenas em relação ao que se recebe, mas sobretudo pelo que é possível oferecer-se, participando do espetáculo da vida em sociedade na condição de membro atuante e não de parasita prejudicial.

Sempre há quem justifique não possuir muito para repartir, olvidando-se que a maior doação é aquela que nasce na grandeza do pouco, qual a referência evangélica em torno da oferenda da viúva pobre. Mesmo ela possuía algo para doar ao templo, cumprindo a lei que assim o estatuía.

Dádivas outras, não menos valiosas, consistiam na oferta do trabalho de limpeza do santuário, dos lugares em que os outros pisavam, na conservação dos objetos do culto, nos cuidados reservados a tudo que dizia respeito ao templo, em razão de não possuírem nem sequer a liberdade, ou porque rastejassem nas situações humilhantes do serviço detestado pelos vãos e orgulhosos sacerdotes, ricos de presunção e pobres de sentimentos...

A gratidão pode também se expressar de forma especial, como respeito e apreço, consideração e amizade, singelos padrões de comportamento social que devem existir em todo grupo humano.

O hábito de retribuir dádivas restringiu o sentimento gratulatório, tirando-lhe a beleza emocional. Claro está que dividir o que se tem com quem também oferece representa um passo avançado na *psicologia da gratidão*. Entretanto, merece que seja considerada a oferta que nasce do coração, sem nenhuma outra motivação material que exija retribuição, transformando-se em oferta da gentileza, da alegria de viver, porque se faz parte da orquestra viva da sociedade.

Esses gestos espontâneos contribuem para a felicidade a que se aspira, gerando situações positivas na existência, por modificarem os sentimentos do gentil doador, que se aureola de harmonia, porquanto o doar é sempre acompanhado pela imensa satisfação de assim proceder.

Todo aquele que aspira a alcançar o planalto da saúde e da harmonia é convidado a exercitar-se na arte de oferecer e de oferecer-se.

Em *Atos dos apóstolos*, entre muitos outros, há um momento encantador, quando Pedro e João saem do Templo de Jerusalém, e os pobres, os enfermos, os aflitos distendem-lhes as mãos, suplicando auxílio monetário, especialmente um coxo que aguardava a esmola em forma de moeda.

Percebendo-se destituídos desses recursos, Pedro, com ênfase, olhando João, disse ao sofredor:

Não tenho prata nem ouro, mas o que tenho isso te dou: em nome de Jesus Cristo, o Nazareno, anda! (At, 3:6.)

Ante o assombro geral, o enfermo recuperou os movimentos, deslindou os membros paralisados e ergueu-se jubilosamente...

A partir daí, dessa dádiva de amor, as pessoas colocavam os seus pacientes por onde os dois passavam, a fim de que *a sua sombra cobrisse alguns deles* (At, 5:15), na expectativa de que os curasse.

Todas as coisas são boas e merecem respeito, no entanto aquelas que são conseguidas como dádivas do sentimento, que não são compradas, possuem um valor emocional muito maior.

Psicologia da gratidão

Desse modo, ninguém se pode escusar de oferecer algo de si mesmo, contribuindo para o bem-estar geral, que começa no ato da oferta.

É sempre melhor doar do que receber, porquanto aquele que doa é possuidor, ocorrendo com quem recebe a situação de devedor, e uma das maiores dívidas que existem é a da gratidão, porque um socorro em momento especial define todo o rumo da existência, que passa a dignificar-se, a crescer, a produzir, após esse instante significativo.

Quando se mata a fome ou a sede, oferece-se segurança e trabalho a quem os necessita, doa-se paz e alegria de viver àquele que se encontra à borda do desespero suicida, tudo quanto lhe vem a suceder é fruto daquele gesto salvador.

A dívida, pois, ao que recebeu não pode ser resgatada senão por outra vida.

Narra-se que um indiano, que tivera o filho assassinado por um paquistanês, nos hórridos dias da guerra entre as duas nações, buscou o Mahatma Gandhi e contou-lhe a tragédia que se permitiu, rogando-lhe ajuda, orientação.

O sábio mestre meditou e respondeu-lhe:

— A única maneira de resgatar o seu crime é educar uma criança órfã paquistanesa como se fora seu filho.

O interrogante argumentou:

— Mas somos inimigos e um deles matou o meu filho.

Tranquilo, redarguiu o mestre:

— Tornamo-nos inimigos uns dos outros porque isso nos compraz. Somente porque o alucinado matou o seu filho, você não tem nenhum direito de retribuir-lhe o crime, tornando-se igualmente homicida.

O homem, sensibilizado, adotou uma criança paquistanesa e dela fez um cidadão de bem.

Gratidão a curto e a longo prazo

As emoções constituem reflexos do *Self*, exteriorizando as construções e ideações mentais.

Quanto mais diluída a *sombra* que se lhe integra ao longo da evolução, mais fortes emoções tornam-se factíveis.

Ressumando as fixações perturbadoras do inconsciente pessoal assim como do coletivo, mais imperioso faz-se administrá-las mediante a sua substituição por formulações opostas, que irão superando-as no transcurso do tempo, através da repetição. O exercício de qualquer função é sempre o meio mais hábil para que se faça a sua fixação valiosa, tornando-se um hábito novo que se insculpe no comportamento.

Nisso consiste a educação mental que proporciona a renovação moral.

A saúde emocional, desse modo, faz-se consequência do empenho do *Self*, quando se resolve pela mudança de atitude perante a vida, não mais aceitando os condicionamentos perniciosos, os vícios morais, as atitudes de agressividade e de perturbação.

Os conflitos, que são as heranças doentias do *ego* e da *sombra*, quando delinquiram, são psicoterapeuticamente transformados em segurança pessoal, em harmonia do comportamento – mente e emoção –, graças ao empenho

Psicologia da gratidão

do *Self* dando lugar ao bem-estar que se expressa como saúde interior.

Eis por que os velhos refrões: *pensa no bem e o bem te acontecerá*, tanto quanto *pensa no mal e pior te tornarás* transformam-se em fenômenos da conduta do *Self* na manutenção dos equipamentos delicados da emoção.

O pensamento é desse modo um dínamo gerador de ondas que movimentam a maquinaria orgânica, exteriorizando-se dos neurônios cerebrais em direção ao sistema nervoso central, que as envia às glândulas endócrinas, e, por fim, vibrando no sistema imunológico, por extensão, repercutindo no emocional e dando lugar a efeitos perfeitamente equivalentes.

Pensamento é força dinâmica e vital.

O que se fixa no pensamento, a vida responde em forma de ideoplastia ou concretiza-se inconscientemente, desde que o automatismo da repetição na mente faz-se responsável pela condução a que o indivíduo se entrega.

No que diz respeito aos fenômenos psicológicos de pequena ou de grande monta, ei-los que se traduzem como sentimentos de variada expressão, desde aqueles que consomem as energias, resultando em depressões, distúrbios do pânico, pavores diversos, síndromes de Parkinson e de Alzheimer ou esperança, alegria, equilíbrio, gratidão...

A gratidão moral é de suma importância para o engrandecimento do *Self*. Isto é: a lúcida compreensão da conduta irregular de outrem, ao lado da tolerância e da humildade pessoal proporcionam o reconhecimento de que cada qual se comporta de acordo com o seu nível de consciência e o seu estágio intelecto-moral.

Compreende-se, desse modo, que um gênero de gratidão desconhecido é o perdão real.

Para que se expresse esse sentimento nobre – o perdão! –, é imprescindível maturidade emocional, compreensão da realidade da existência, respeito ético pelo próximo, cultura da compaixão, sem o que mui dificilmente pode ser exercido.

Quando o amor se expande, o perdão torna-se um fenômeno natural, porquanto ao espraiar-se, a afetividade supera qualquer limite imposto pelas convenções para se tornar um oceano de generosidade.

Quando alguém se permite a preservação do ressentimento em relação a outrem que lhe não haja correspondido à expectativa, acreditando-se em postura melhor, supondo-se merecedor de mais cuidadosa consideração, realmente se encontra no mesmo nível, porque a mágoa é escara moral de inferioridade e de presunção...

A diferença, portanto, entre aquele que perdoa e o que vai perdoado, é que o primeiro se encontra em superior patamar de evolução, podendo estar aberto ao retorno do ofensor, sem nenhuma censura ou reprimenda, o que corresponde ao legítimo esquecimento do mal para somente se recordar do bem edificante.

O perdão dignifica aquele que o favorece, como necessidade de conceder ao outro o pleno direito de caminhar conforme as próprias possibilidades.

A luz sempre dilui sem alarde a sombra da ignorância, da maldade, da perversidade...

A gratidão a curto prazo logo se faz um verdadeiro automatismo, no receber e no retribuir, no oferecer antes de conseguir, no ato de estar-se livre para a vida.

Psicologia da gratidão

Quando, ao contrário, espera-se a retribuição, vive-se a síndrome de Peter Pan, mantendo-se interessado em coisas e negando-se ao amadurecimento, à reflexão, à autodoação que dignificam.

A largo prazo, a gratidão irisa-se de sabedoria para enriquecer a sociedade com as bênçãos do conhecimento e do amor, como resultado de um grande esforço para atingir a meta que lhe faculte servir com abnegação e devotamento.

O profissional de qualquer área que aplica largo período da existência preparando-se para adquirir conhecimentos e habilidades específicas para serem aplicadas posteriormente, alcança o patamar da gratidão, que ajuda a satisfação pessoal, o progresso dos demais indivíduos e, por extensão, da Humanidade.

De maneira pessimista, alguém enunciou que a *Terra é um grande hospital*, sem dar-se conta de que essa conclusão é resultado de uma óptica moral distorcida a respeito da realidade, que é sempre promissora e rica de oportunidades felizes.

Pode-se, isso sim, afirmar de maneira correta que a *Terra é uma escola de bênçãos*, na qual ocorre o aprimoramento moral e espiritual do ser no rumo do estado numinoso que o aguarda.

Esse estado é o nível superior de integração do eixo *ego–Self* alcançando a sua plenitude.

Todo esforço, portanto, direcionado à conquista do padrão de equilíbrio emocional mediante os sentimentos edificantes deve ser tido em consideração para o encontro com o Si profundo, transmudando as experiências perturbadoras em aquisições relevantes, capazes de alterar toda a estrutura do comportamento.

O *Self* possui condições inatas para essa realização, porque procede de conquistas contínuas no larguíssimo processo de desenvolvimento das suas possibilidades de realização plena.

GRATIDÃO COMO NORMA DE CONDUTA

Do ponto de vista teológico, pode-se considerar a gratidão como uma virtude semelhante às demais, entre as quais a fé, a esperança e a caridade.

Uma observação cuidadosa perceberá que, para se ser grato, é necessário possuir fé, ter a certeza do significado da vida, dos seus valores e possibilidades; é indispensável acreditar no ser humano, considerando que, momentaneamente em transição para logros mais significativos, merece apoio e consideração que o ajudem a autossuperar-se, galgando mais elevado degrau da evolução. De igual maneira, no ato gratulatório encontra-se a esperança que aformoseia a vida, apresentando o futuro como meta a alcançar-se mediante a vivência dos sentimentos enobrecedores, a certeza de que vale a pena todo e qualquer investimento que dignifica. E, por fim, torna-se presente a essência da caridade, que é o significado do ato de agradecer, expressando o amor que é vital para quaisquer investimentos de natureza moral e espiritual. Sem essa presença, a gratidão é pobre de vigor e de enriquecimento emocional.

Cada experiência vivenciada no processo da evolução, qual ocorre com a gratidão, representa uma forma adequada

Psicologia da gratidão

de amadurecimento psicológico, capaz de produzir harmonia interior e estimular o esforço para o autocrescimento.

Ainda não liberto dos atavismos, o *Self* investe esforços para a sublimação da sua *sombra*, ao mesmo tempo influenciando o *ego* a respeito da necessidade de autotransformação das metas próximas para aquelas de ordem transcendente. *Desmaterializar* as ambições egoicas para transcendê-las em forma de aspirações psicológicas profundas que dão significado à existência deve ser-lhe o constante esforço no seu relacionamento com a *persona*. Fixada por interesses imediatos de respostas agradáveis, mesmo que mentirosas, a *persona* compraz-se em manter-se vibrante, mesmo quando constata não mais poder ocultar as necessidades emocionais daqueles que se lhe submetem cativos ao seu encantamento. Vestir-se de realidade, desnudando-se das fantasias e dos mitos enganosos, deve sempre ser a proposta do Si profundo, por conhecer o que é legítimo e proporciona harmonia, em relação ao que é prazeroso, mas de sabor amargo e enfermiço para a emoção.

Ninguém pode viver ocultando a sua realidade, razão por que o tempo, na sua voragem inevitável, sempre retira os véus que disfarçam os contornos da existência e obscurecem a percepção da sua autenticidade.

É essa teimosa fuga de si mesmo que dá lugar nas criaturas a muitos conflitos e transtornos na área do comportamento, pelo consumo de energia emocional para parecer, em vez de aplicá-la no esforço natural criativo e renovador para ser.

Arquétipos novos podem, então, ser gerados, favorecendo a edificação dos significados da evolução, enquanto outros que são perturbadores irão cedendo lugar às novas

Joanna de Ângelis / Divaldo Franco

formulações que proporcionam inefável alegria pelo seu cultivo.

Quando se é capaz do autoenfrentamento sem receio e como fenômeno próprio do autoamor, inúmeros tesouros da emoção podem ser descobertos, e a alegria de viver deixa de ser através do consumismo e da troca de quinquilharias para adquirir conteúdos valiosos de amor, de intercâmbio, de paz e de gratidão.

A gratidão envolve-se em força estimuladora para todos os empreendimentos vitais, tornando-se uma forma, uma norma de conduta.

Quem é grato, naturalmente é abençoado pela felicidade, pela saúde, esparzindo as ondas de júbilo que o envolvem, *contaminando* todos aqueles que se lhe acercam. Habitualmente, as referências dizem respeito ao contágio do mal, das doenças, dos dissabores, da infelicidade, nada obstante também ocorre o que diz respeito à alegria, à esperança, à comunicação jubilosa, ao serviço edificante e à conquista da saúde.

A convivência com pessoas saudáveis permite impregnação de estímulos que já não funcionavam. Diante de alguém que sorri, abençoado pela conquista da harmonia pessoal, todos sentem um imenso desejo de alegrar-se também, de participar do festival do júbilo, como ocorre ao botão de rosa que desata as pétalas, exteriorizando o perfume que lhe é inerente, abrindo-se delicadamente à luz do Sol.

Na etapa final da *imaginação ativa* é necessário que cada qual realize a sua experiência para que as verdades profundas se transformem em realidade. É o caso da gratidão, que necessita ser vivenciada, já que ninguém pode defini-la

Psicologia da gratidão

por palavras, de modo que outrem a possa sentir ou mesmo entender.

Kierkegaard afirmava que ninguém pode dar a fé a outrem. Isso, porque se trata de uma conquista pessoal, intransferível. É possível, desse modo, crer-se no inacreditável, e estão embutidos aí todos os tabus e superstições que afloram do inconsciente coletivo e assumem realidade na imaginação daqueles que creem. Essas heranças arquetípicas de tal modo estão *vivas* no inconsciente que, ao ressumarem, modificam-se para realidades que impregnam aqueles que as vivenciam.

O mesmo pode-se dizer da gratidão. É uma experiência pessoal, embora possa também se expressar coletivamente, que não resulta de nenhuma herança arquetípica, sendo uma conquista do *Self*, expressando libertação do comportamento egoísta. Há conquistas que somente se originam na experiência, embora possam ser formuladas teoricamente, tornando-se válidas somente quando passam pela vivência.

Afirmava Jung *que cada avanço, mesmo o menor, através deste caminho de realização consciente, acrescenta muito para o mundo.*

A fim de que o indivíduo se liberte dos conflitos, especialmente daquele gerador da ingratidão, é necessário que tenha vida interior, que se organize internamente para expressar ao mundo aquilo que anela e alcançará. Não há por que ignorar-se o conflito, mas antes enfrentá-lo, envolvendo-o nos ideais e aspirações, reunindo a dualidade (gratidão e ingratidão) num todo harmônico, transformando-as em unidade (sentimento de gratidão) que passará a vigorar no dia a dia existencial.

Muitas vezes a gratidão se apresentará como um paradoxo. Por que se há de agradecer, quando se pode prosseguir no prazer? Ocorre que o prazer cansa, perde o sentido, produz o tédio, exige renovação. Ademais, nenhum prazer pode ter lugar no consciente sem que haja uma perfeita liberação do inconsciente, identificação dos fatores que o produzem, entre os quais as pessoas, as circunstâncias envolvidas. Ignorar todas essas condições é manter-se em delírio distante da realidade, que se impõe pela própria razão de ser. A gratidão, então, pode parecer paradoxal, pelo fato de manifestar-se também quando cessa o prazer, quando surgem a dor e a desdita, como sentido natural do processo da vida. Não fosse dessa maneira e se viveria em uma fantasia ativa que sempre alcançará a realidade existencial.

Nenhum paradoxo, portanto, na gratidão em todas e quaisquer circunstâncias, como sentimento de júbilo pela presença da vida que estua triunfante.

Por fim, aplique-se o enunciado de Nietzsche, quando afirma: *Ninguém pode construir em teu lugar as pontes que precisarás passar para atravessar o rio. Ninguém, exceto tu!*

GRATIDÃO E ALEGRIA DE VIVER

Na busca da solução dos conflitos, a aplicação da *imaginação ativa* é essencial, ao lado dos sonhos, para se encontrar a sua psicogênese. Na aplicação da *imaginação ativa* é imprescindível encontrar-se um nível que penetre na fronteira da consciência com o inconsciente e faculte a vivência de muitas ocorrências que não foram realmente vividas. Transferidas automaticamente umas e outras

Psicologia da gratidão

como mecanismo de fuga da realidade, permanecem adormecidas e ressumam, não poucas vezes, como expressões perturbadoras.

Cada indivíduo é o resumo complexo de energias, possibilidades e arquétipos que não foram utilizados, isso porque um grande número tem caráter prejudicial, conforme a conceituação do *ego*, que tenta selecionar o que é positivo daquilo que lhe pode ser prejudicial, reprimindo-as imediatamente.

O *devir*, de alguma forma, fica vinculado a essas ocorrências que o impedem de realizar-se.

Considere-se alguém que dispõe de possibilidades para as artes, no entanto é atraído para uma profissão liberal através da qual adquire garantia financeira para manter a existência. É natural que essa tendência e todo o séquito de recursos fiquem reprimidos no inconsciente por falta de tempo, de ocasião para se expressar. O mesmo sucede com uma mulher que se dedica ao lar, embora sentisse imensa aptidão para atividades universitárias ou outras fora do ninho doméstico. Todas essas tendências irão permanecer-lhe no *subsolo* da consciência vibrando palidamente ou gerando desconforto no trato com a família, a sua escolhida realidade.

Certamente, um e outra poderão vivenciar essas tendências por intermédio da *imaginação ativa*, de maneira simbólica ou mesmo real, quando surgirem momentos adequados, sem nenhum prejuízo para os deveres já assumidos.

Assim, é possível viver essas potencialidades de maneira consciente no mundo dos relacionamentos sociais, tanto quanto intimamente no prazer de as realizar de forma simbólica, aplicando os seus recursos na atividade elegida.

Provavelmente os sonhos proporcionarão essa realização, como se a pessoa houvesse encontrado o roteiro de harmonia que tanto desejava, havendo ficado frustrada pela correspondente falta de vivência.

Quando não se consegue a experiência vívida, podem surgir tons de amargura no comportamento *feliz*, assim como de incompletude, de traumas psicológicos...

É muito comum, numa vivência pela *imaginação ativa*, sentir-se que teria sido ideal que a vida houvesse tomado outro rumo...

Muitas ocorrências dessas têm lugar no momento, por exemplo, da eleição dos vestibulares acadêmicos, quando o jovem inexperiente luta entre o que gostaria de realizar e aquilo que é mais lucrativo. Ao eleger a segunda possibilidade, durante o curso, porque se sente incompleto e incapaz, abandona-o, e volta a iniciar aquilo que lhe dita o inconsciente mediante a tendência predominante no mundo interior.

Encontram-se pessoas que têm uma vida acomodada, abonada pelos recursos financeiros, uma família bem-estruturada, cumpridoras dos deveres, e apesar disso são sempre levadas a devaneios da imaginação, vivendo outras condutas que lhe dão alegrias. Nesses momentos em que estão a sós e dão largas à imaginação, sorriem, gesticulam, expressam felicidade, logo retornando à realidade com frustrações...

Naturalmente, o *ego*, identificando que tal e qual comportamentos não são convenientes ou podem produzir

Psicologia da gratidão

dissabores, reprime essas possibilidades, empurrando-as para os porões do inconsciente onde ficam aguardando...

É perfeitamente lícita e ética a vivência, mesmo que através da *imaginação ativa*, dessas aspirações não realizadas. Não são prejudiciais – há, sem dúvida, exceção –, porquanto constituem estímulo para o prosseguimento da existência no labor eleito como mais produtivo.

Depois de vivenciar pela imaginação o real significado existencial, pode-se manter o compromisso assumido e também experimentar viver alguns momentos reais daqueles desejos reprimidos sem que se esteja cometendo nenhum crime. O executivo ou o profissional liberal bem--situados na sociedade podem tentar a utilização da arte nos seus compromissos, pelo menos como *hobby*, como divertimento terapêutico.

De igual maneira, a mãe e esposa dedicada pode reservar-se o direito de administrar a família de maneira racional, aplicando os seus conhecimentos na *empresa doméstica* ou mesmo, simultaneamente, após utilizar o tempo de que dispõe de maneira equânime, dedicar-se a qualquer empreendimento que a enriqueça interiormente, completando-lhe as aspirações saudáveis.

Inúmeras vezes a gratidão insinua-se no comportamento dos indivíduos que, por falta de hábito, por timidez e constrangimento, não se encorajam a expressá-la, reprimindo-a injustificadamente.

Como a gratidão necessita do combustível do amor para poder atingir o seu grau de completude, a pessoa deve exercitar a *imaginação ativa*, vivenciando-a em todas as situações da sua existência, expressando-a intimamente, oferecendo-a com sorrisos silenciosos, sendo útil à comunidade que começa na intimidade da família, mediante os esforços para manter a gentileza e o carinho em qualquer circunstância.

Também poderá fazê-lo através da oração direcionada ao seu próximo, em vibrações harmônicas de bondade e de desejos fervorosos em benefício dos outros.

A fé adquire expressão inesperada, capaz de emular o indivíduo a ações mais audaciosas e a atitudes mais eloquentes, nunca revidando mal por mal, porque descobre no aparente mal com que lhe desejam afligir um grande bem, pela possibilidade que se lhe desenha de superar a inferioridade moral que sempre reage, agindo com equilíbrio e compaixão pelo outro, o opositor.

Nesse capítulo, a fé deve ser sem dúvida racional, mas também momento chega em que ela ultrapassa o limite da lógica e entrega-se em totalidade. Assim procederam os mártires de todos os tempos e de todos os ideais... Doaram-se sem quaisquer excogitações.

Conta-se que um alpinista galgava um paredão desafiador à noite, quando derrapou no abismo e, durante a queda que seria fatal, foi salvo por um solavanco da corda de proteção cravada por grampos seguros na montanha.

Recuperando a calma e temendo morrer enregelado durante a madrugada, orou, afervorado, suplicando o socorro de Deus.

Ouviu uma voz que lhe propôs que cortasse a corda que o prendia à altura.

Parecendo-lhe inusitado o auxílio, receou que, ao fazê-lo, cairia no despenhadeiro em morte certa.

Psicologia da gratidão

Não se encorajou a fazê-lo.

No dia seguinte, quando chegou o socorro e o encontrou congelado, os membros lamentaram que ele não tivesse cortado a corda, porquanto estava a menos de um metro do solo protetor, quando teria salvado a vida...

Quem é grato, naturalmente é abençoado pela felicidade, pela saúde, esparzindo as ondas de júbilo que o envolvem, contaminando todos aqueles que se lhe acercam.

11

GRATIDÃO COMO CAMINHO PARA A INDIVIDUAÇÃO

EXPERIÊNCIAS VISIONÁRIAS
ENCONTRO COM O *SELF*
CONQUISTA DA INDIVIDUAÇÃO E DA GRATIDÃO

Toda a existência humana é uma jornada formosa que capacita o indivíduo para a conquista dos elevados objetivos psicológicos a que se propõe.

Uma vida sem significado psicológico é uma existência destituída de sentido e de busca. Reduz-se ao amontoado de fenômenos fisiológicos, em que os automatismos funcionam com mais vigor do que os sentimentos e as expressões da razão, do discernimento, que, embora ainda adormecidos, surgem e desaparecem, não logrando ser aplicados pelo *Self*.

A predominância do *ego* é caracterizada pelos interesses mesquinhos, num estágio de consciência de sono, sem imediatos vislumbres da realidade.

Não havendo ideais relevantes, o sentido existencial é tímido, contentando-se com as satisfações orgânicas e os prazeres dos instintos, encarcerados nas sensações. Faltando a capacidade da estesia e da estética, da emotividade superior, a *sombra* mantém-se vigilante e ativa, elegendo apenas aquilo que lhe basta, fazendo o ser humano transitar entre as alegrias sensoriais e os desencantos físicos. Enquanto, porém, consegue manter os gozos, tudo segue bem e lhe é suficiente até o instante em que outros fenômenos inevitáveis, aqueles que atingem o corpo no processo degenerativo, tais como as enfermidades, os transtornos emocionais, as dificuldades sociais e a perda daquilo em que se compraz, transformam a caminhada terrestre num martírio, num verdadeiro sofrimento em que a revolta e a queixa se instalam perversamente.

A Lei de Progresso, já referida, encarrega-se de impulsionar o Espírito, mesmo quando negligente e irresponsável, a outras experiências que o despertem para o vir a ser. O sofrimento de qualquer matiz é normalmente o instrumento de que a vida se utiliza para demonstrar ao inadvertido que a existência física não é uma viagem ao agradável exclusivamente, ao desfrutar dos contentamentos imediatos, sem nenhum respeito pelo esforço pessoal, pelas lutas e mesmo pelas reflexões afligentes que alteram a percepção da realidade.

Na claridade dos dias de júbilos, o discernimento ainda embrionário não consegue romper as algemas do primarismo para entender a necessidade do crescimento ético e da real conquista da saúde. Esse trânsito do adormecimento para o despertar sempre se apresenta quando se é obrigado a caminhar pela *noite escura da alma*, conforme acentuava São João da Cruz, que a viveu demoradamente até conseguir a crucificação do *ego* e das suas paixões, *morrendo em holocausto pessoal*, para ressuscitar em madrugada de bênçãos e de conhecimentos da verdade, perfeitamente lúcido e feliz.

Quase sempre, porém, quando se é convidado a transitar por essa *noite*, aqueles que ainda não se adaptaram aos processos de mudança dos estágios inferiores, nos quais as *necessidades* são fisiológicas em predominância, para outros

Psicologia da gratidão

menos orgânicos e mais emocionais e psíquicos, em vez do esforço pelo conseguir, esse paciente rebela-se, entrega-se aos queixumes, transforma as experiências em rosário de lamentações, de infelicidade.

Nele permanece a *criança maltratada*, sempre ansiosa por apoio e carinho, negando-se ao crescimento psicológico, ao desenvolvimento dos valores espirituais que existem no seu interior assim como em todos os seres humanos.

O amadurecimento psicológico exige não raro muita aflição e cansaço da situação de comodidade que perde o encantamento, na razão direta em que é vivenciada, produzindo saturação emocional no gozador.

Certo genitor laborioso e dedicado ao dever tinha um filho que, ao contrário, era fútil, vivendo como parasita explorador do pai. Aplicava o tempo nos gozos materiais e na consumpção das energias morais, mesmo que escassas.

O pai, maduro e sábio, sempre o advertia e lhe explicava que, pelo fenômeno natural da vida, seria o primeiro a morrer, e que os haveres, por mais abundantes, quando gastos sem renovação, tendiam para o desaparecimento, para a extinção.

Informava-o que os amigos que o cercavam não lhe tinham a menor estima, antes se interessavam pelos recursos de que dispunha e, quando esses escasseassem, também desapareceriam...

Os conselhos soavam como velha balada conhecida e recusada.

Oportunamente, o idoso trabalhador mandou construir nos fundos da propriedade um celeiro, colocando no seu interior uma forca, tendo fixada uma placa informativa com os seguintes dizeres: *Eu jamais ouvi os conselhos do meu pai.*

Posteriormente, quando tudo estava concluído, chamou o filho, levou-o ao celeiro e explicou-lhe:

— Filho, encontro-me velho, cansado e enfermo. Quando eu falecer, tudo que me pertence passará à sua propriedade. Caso você fracasse, porque atirará fora todos os bens que lhe transfiro, peço-lhe que me prometa que usará esta forca, como medida de reparação do mal que nos fez a ambos.

O moço, sem entender exatamente o que o pai desejava dizer-lhe, silenciou, a fim de o não contrariar.

O genitor desencarnou tempos depois, e o jovem herdou-lhe os bens, passando a dissipá-los com mais extravagâncias e desperdícios. Pouco tempo transcorrido, deu-se conta de que havia malbaratado todos os negócios e recursos, e estava reduzido à miséria, à solidão, até mesmo porque os falsos amigos abandonaram-no.

Recordou-se do pai e chorou copiosamente. No pranto, recordou-se da promessa que lhe fizera, de que se enforcaria após o fracasso. Trêmulo de emoção desordenada, dirigiu-se ao celeiro e lá encontrou a forca assim como os dizeres terríveis. Teve uma iluminação, concluindo que essa seria a única vez na sua existência em que poderia agradar ao homem nobre que fora seu pai e sempre vivera decepcionado com a sua conduta.

Subiu então na forca, colocou o laço no pescoço e atirou-se ao ar...

O braço da engenhoca era oco e partiu-se, caindo dele diversas joias: diamantes, rubis, esmeraldas, uma verdadeira fortuna com um bilhete, que informava: *Esta é a sua segunda chance. Eu o amo de verdade. Seu pai...*

A partir dali a sua vida tomou novo rumo e ele mudou completamente a maneira de encarar a oportunidade.

Psicologia da gratidão

Quando a existência é vã e inútil, sempre surge uma segunda chance, mas o melhor será que cada um cresça com o esforço pessoal e saiba aproveitar o processo de amadurecimento, a fim de que não se veja forçado à mudança após situações desesperadoras.

É inevitável o amadurecimento psicológico do ser humano, mesmo quando se imponha impedimentos momentâneos.

O filho, como é compreensível, poderia ter evitado o período de sofrimento e de amargura, caso houvesse atendido ao pai, agradecido a tudo quanto recebia sem crédito ou mérito e atirava ao desprezo.

Se houvesse cultivado o mínimo de gratidão, compreenderia que o esforço do genitor, cansado e sempre trabalhador, merecia pelo menos respeito de sua parte.

A gratidão pode expressar-se como respeito e consideração pelo que os outros fazem, oferecem e a que se dedicam de enobrecedor.

A sua ausência dá lugar a um tipo de cupim emocional que devora interiormente o ser, qual ocorre com aquele inseto de vida social que se nutre da planta viva ou morta, alimentando-se com voracidade, enquanto a consome.

EXPERIÊNCIAS VISIONÁRIAS

No processo da aplicação da *imaginação ativa* existe um período ou fase em que o indivíduo que aspira à individuação, havendo atingido um maior grau de interpretação das experiências e vivências não fruídas, após desfrutá-las, pode avançar com mais coragem e aguardar que se deem as *experiências visionárias*.

A vivência dessas *vidas não vividas* consegue proporcionar uma ressignificação à existência terrena, eliminando do inconsciente as frustrações e inseguranças defluentes do não as haver experienciado, nem sequer pela imaginação criativa.

As *experiências visionárias* acontecem em duas etapas: a primeira, quando o aprendiz se encontra preparado, conforme a tradição esotérica, o mestre aparece; a segunda, quando fenômenos paranormais ocorrem, chamando-lhe a atenção para outra dimensão da vida que não é exclusiva da jornada material.

Em ambos os casos é certo que os mais notáveis psicólogos informam que podem tratar-se de delírio do inconsciente ou de fantasias místicas. Nada obstante, são reais, demonstrando a indestrutibilidade do Espírito, expressando-se como o *Self*.

Certamente existem aquelas que têm caráter psicopatológico, englobadas como fenômenos mediúnicos de obsessão, e aqueloutras portadoras de iluminação para o sensitivo que se torna instrumento do mundo além da matéria, demonstrando que o significado da vida prossegue mesmo após o túmulo, onde não é consumida.

Na visão unilateral materialista da Psicologia, Deus – como figura mitológica ou transferência neurótica do pai fisiológico para o transcendental – utilizou-se de muitas representações humanas para *encarnar a Sua criação*, como é o caso da *escada de Jacó* no estado onírico, que a construiu para servir de acesso ao Céu e de descida na direção da Terra. Assim sendo, o inconsciente coletivo da humanidade construiria essa *escada* em forma de visões humanas, atendendo assim à necessidade de entendimento dos *mistérios* da própria vida.

Psicologia da gratidão

Sem nenhuma dúvida, ocorrem fenômenos dessa ordem, que são catalogados como de natureza anímica, por procederem do próprio sensitivo, outros, no entanto, transcendem-lhe a psique e revelam-se procedentes de outra dimensão, como nos casos da psicografia com duas mãos, das correspondências cruzadas, do profetismo, da xenoglossia – ou faculdade de comunicar-se em idioma totalmente desconhecido do paciente, incluindo línguas mortas e até extintas –, tanto quanto nas formidandas manifestações ectoplásmicas ou de materializações...

São portadoras de uma finalidade significativa que é despertar o ser humano para a sua imortalidade, para os deveres com a própria iluminação, para a aquisição da saúde integral, para a excelsa gratidão pela honra de viver no corpo e poder libertar-se dele, prosseguindo vivo.

Normalmente produzem grandes mudanças no comportamento para melhor, por libertar inicialmente o paciente de constrições espirituais danosas, como no caso dos transtornos obsessivos, da culpa, em razão de se pacificar com aquele a quem afligiu ou infelicitou em experiência anterior, facultando-lhe alegria de viver, após superar o fantasma da morte como aniquilamento da vida.

Essas experiências mediúnicas sucedem-se com a vontade ou não daquele que lhe é instrumento desde a infância ou surgem nos mais diferentes períodos da existência física.

Podem ter início durante um processo de enfermidade, tanto quanto em plena fase de saúde e de total harmonia psicofísica.

Dilatando a percepção psíquica constitui um *sexto sentido* conforme a definição abalizada do prof. Charles Richet, que se dedicou a estudá-las por mais de quarenta anos...

Irrompem às vezes suavemente, como delicada brisa emocional, ou se apresentam como tempestades que causam preocupação, merecendo cuidadosos comportamentos especializados, de modo que as torne portadoras de equilíbrio e de utilidade.

Allan Kardec estudou-as longamente, realizando observações práticas e cuidadosas com mais de mil portadores da peculiar faculdade, classificando todas as suas manifestações e catalogando-as como de natureza orgânica, por sediar-se no cérebro, tal como ocorre com a inteligência, a memória, as aptidões artísticas e culturais, religiosas e científicas...

O preconceito vigente no século XIX com tudo quanto transcendesse aos padrões estabelecidos e às superstições em que se alicerçavam algumas crenças religiosas castradoras e punitivas procurou erradicar dos seus estudos nas áreas acadêmicas tudo quanto pudesse parecer místico, qual fez o severo Sigmund Freud. A sua intolerância foi tão extrema, ao abraçar a *ditadura da libido*, que interrompeu o relacionamento com Jung, a partir de quando este em visita à sua residência em Viena acompanhou os estalidos produzidos na estante de livros, procurando esclarecer que se tratava de uma *emanação cataléptica* e que se iriam repetir, conforme sucedeu...

O mestre, sempre receoso de que os misticismos pudessem incorporar-se à nascente psicanálise, procurou escoimá-la de qualquer remota confusão, mantendo-se adversário inclemente inclusive da religião, que considerava como uma *neurose da sociedade*.

Quando em Paris, participando das experiências hipnológicas realizadas pelo eminente anatomopatologista Jean-Martin Charcot, recebeu de Charles Richet, auxiliar

Psicologia da gratidão

do mestre, o *Tratado de metapsíquica humana*, que era a síntese das pesquisas do sábio fisiologista, não a examinando nem sequer superficialmente. Quarenta anos depois, ao fazê-lo, lamentou-se pelo tempo transcorrido, informando que, se o tivesse realizado antes, teria encontrado muito material para as próprias pesquisas e conclusões.

Apesar disso, os fenômenos foram estudados por outros não menos nobres cientistas que os confirmaram, após submeterem os médiuns aos mais rigorosos instrumentos de controle, a fim de os impedirem de fraudar, conseguindo comprovar a realidade das manifestações espirituais que ocorriam simultaneamente em diferentes países do mundo...

Garimpando todas as informações e observando as manifestações espirituais que ocorriam diante dele, Allan Kardec apresentou *O Livro dos Médiuns*,[4] que é um tratado incomum sobre a imensa fenomenologia paranormal, partindo da possibilidade de existirem Espíritos até às conclusões vigorosas da sua realidade e da sua interferência na vida humana, no comportamento e na saúde, nos relacionamentos afetivos e nas animosidades, nos fenômenos da natureza, nos intrincados *enigmas* da psicometria, do profetismo e das aparições...

Graças a essa contribuição, diante da imensa gama de portadores de transtornos de variada gênese, podem-se introduzir as perturbações de natureza obsessiva igualmente como desencadeadores de transtornos e problemas afligentes.

---

[4] Nesta oportunidade desejamos homenagear *O Livro dos Médiuns*, de Allan Kardec, publicado em Paris, no dia 15 de janeiro de 1861, que comemora em 2011 o seu sesquicentenário de surgimento, guiando milhões de vidas ao equilíbrio, à saúde e à paz.

Desse modo, no quadro das *experiências visionárias* podem-se sem sombra de dúvida incluir os fenômenos anímicos e mediúnicos como responsáveis por um grande número delas, convidando o ser humano à conquista da individuação.

Ainda nesse particular, há lugar para a gratidão aos imortais, porque se preocupam com todos aqueles que ainda se encontram no envoltório material e não se recordam da procedência espiritual, auxiliando-os a preparar-se para o retorno ao grande lar que é sempre inevitável.

Encontro com o *Self*

Jung definiu o *Self* como a representação do *objetivo do homem inteiro, a saber, a realização de sua totalidade e de sua individualidade, com ou contra sua vontade. A dinâmica desse processo é o instinto, que vigia para que tudo o que pertence a uma vida individual figure ali, exatamente, com ou sem a concordância do sujeito, quer tenha consciência do que acontece, quer não.*

Capitaneado pelo instinto, o *Self* experimenta a sua injunção, vivenciando um processo de transformação contínuo e sublimante no rumo da individuação.

Muitas vezes, experimentando a própria *sombra*, tem como finalidade precípua auxiliar o *ego* na sua integração plena durante a vigência do eixo que os vincula e os influencia reciprocamente.

Apesar da *sombra* ser geradora de muitos conflitos, deve-se considerar que em muitas situações ela responde por vários fatores que produzem alegria, relacionamentos felizes, motivações para se viver, apresentando uma outra face oposta à sua constituição primitiva como arquétipo.

Na integração da *anima* com o *animus*, a fim de ser conseguida a harmonia, a *sombra* contribui com uma boa parcela de entendimento das suas finalidades, facultando a vivência de ambos sem perturbação da *persona*. Sendo ela o resultado da repressão de muitos sentimentos que não puderam ser vivenciados, emerge do inconsciente e expressa-se muitas vezes de maneira afligente.

Todos creem, por exemplo, que a função do médico é sempre a de curar, para a qual deve estar sempre preparado, às ordens. Nada obstante, existem outros fatores que o levam a mudanças dessa estrutura da *persona*, assumindo também o comportamento de esposo e pai, de cidadão e idealista com direito a outras atividades, significando essa alteração a presença da *sombra* que lhe emerge do inconsciente pessoal onde estão arquivadas, desde antes da concepção, as heranças do inconsciente coletivo.

Numa análise contemporânea, à luz dos ensinamentos espíritas, esses arquivos do inconsciente coletivo são o resultado de vivências que o Espírito realizou em reencarnações transatas através dos tempos, conduzindo essas heranças impressas no seu perispírito (na consciência, enquanto as vivenciando no seu período próprio). Em razão disso, não seja de estranhar que se tornem rejeições da consciência, que as mantém estáticas e uniformes, aguardando o momento para poderem expressar-se.

Desse modo, é certo que o indivíduo nasce com todas essas informações adormecidas, que vão ressumando através dos tempos, e tornando-se conscientes pelo *Self*.

A imagem apresentada por Freud a respeito do inconsciente é bem fundamentada, porquanto ele o imaginava como *um iceberg, cuja parte visível são apenas 5% do seu volume* (consciência), estando os 95% da sua massa submersos (o inconsciente). Assim se encontra a consciência no ser humano. Faz recordar também o mesmo conceito de Jung, quando o comparou a um *oceano*, e a consciência *a uma casca de noz* sobre ele.

Em realidade, os arquivos de todas as experiências pretéritas vivenciadas ao longo das sucessivas existências corporais são imensos, presentes no inconsciente e que vão sendo revividas pela consciência, nos momentos dos grandes transes de sofrimento, nos estados alterados (de consciência), durante os estágios oníricos, quando são liberados automaticamente, permitindo que o Espírito volte a vivê-los.

Em razão, portanto, desse imenso arsenal que se encontra no inconsciente e que pode flutuar na consciência, muitos conflitos e complexos da personalidade tomam corpo, conduzindo as pessoas a transtornos de variada denominação.

Quantos pacientes que se apresentam resignados na miséria, confiantes na escassez, nobres e honestos nas situações mais lamentáveis da existência socioeconômica em que se encontram!

Em tal situação prosseguem exercendo os caracteres morais de existência anterior, quando se encontravam em posição relevante, no poder, no conforto, na dignidade, e hoje experimentam o oposto, contribuindo em favor do *Self* harmônico, com o *ego* nele integrado, formando a unidade.

De igual maneira, existem aqueles que se apresentam soberbos e malcriados na pobreza, agressivos e raivosos, ostentando recursos que realmente não possuem, (re)vivendo situações anteriores que não puderam ser dignamente cumpridas, e voltaram ao proscênio terrestre em provas e

Psicologia da gratidão

expiações rigorosas. Tal ocorre a fim de poderem valorizar as oportunidades existenciais, especialmente os desafios ou provações da riqueza, do poder, da beleza, das situações invejáveis que invariavelmente são transformadas em sítios de escravidão para os quais o *Self* retorna quando sob o açodar das *recordações inconscientes*.

Os muitos complexos de inferioridade ou de superioridade em que expressivo número de pessoas estorcega, não conseguindo disfarçar as mágoas da situação em que se encontram, projetando o que se demora no inconsciente, na difícil condição em que transitam no mundo, têm a sua origem nas condutas mantidas em existências anteriores que não souberam utilizar ou aplicaram de maneira ignominiosa.

Essas pessoas – portadoras do complexo de inferioridade – são rudes, ingratas, exigentes, comprazendo-se em humilhar os servos e auxiliares, mantendo-se dominadoras e inacessíveis... De maneira idêntica, outras – portadoras do complexo de superioridade – nem sequer se permitem a convivência saudável no círculo familiar e social em que estagiam, não ocultando o conflito que as amargura...

Essas heranças marcantes das experiências passadas são muito mais comuns do que podem parecer, consumindo as suas vítimas, aquelas que os conservam.

Cabe ao *Self* diluir essas construções vigorosas impressas na *persona* pelo inconsciente pessoal desde quando a psique passou a animar a matéria na concepção fetal.

A adoção de condutas saudáveis com disciplina da *sombra*, que se apresenta como o instrumento de execução dessas frustrações do processo evolutivo, torna-se inevitável e de imediata aplicação.

Mediante a reflexão é possível ao *Self* a constatação do que é e de como se conduz, esforçando-se por alterar as emissões mentais para outras condutas mais equilibradas, dentro dos padrões da saúde que proporciona relacionamentos edificantes e compensadores.

Mantendo a postura referente às imagens reprimidas no inconsciente, esses pacientes não têm noção do quanto devem à vida, tornando-se ingratos e reacionários, quando, ocorrendo uma mudança de atitude adquirida por intermédio da autoanálise que faculta a identificação das mazelas, poderá começar por bendizer a vida, por ascender na escala dos valores, por vencer a empáfia, passando a agradecer a oportunidade de crescimento real para a felicidade.

Será mediante esse esforço que o *ego* se integrará no *Self*, sem que desapareçam os seus valores de alta significação.

Conquista da individuação e da gratidão

A individuação é a conquista mais expressiva do processo evolutivo do ser humano. Aparentemente se resume na vitória do *Self* em relação à *sombra* e ao *ego*, assim como à superação dos arquétipos responsáveis pelos transtornos emocionais e enfermidades de outra natureza que facultam ao ser humano a perfeita compreensão da vida e das suas finalidades.

É o momento quando a consciência toma conhecimento dos conteúdos inconscientes e prossegue realizando a sua superação, que consiste na integração dos arquétipos, a fim de que sejam evitados os conflitos habituais, ou surjam novos.

Psicologia da gratidão

Pode parecer difícil de acontecer, por exigir o grande esforço de depuração da personalidade, elegendo-se os valores mais nobres do Espírito.

Em uma análise mais simplista, pode-se asseverar que a individuação é algo semelhante à autoiluminação dos místicos ou à conquista do *Reino dos Céus* proposta por Jesus, quando o indivíduo se liberta das exigências imediatistas do *ego* para se transformar em um oceano de amor e de tranquilidade, passando a vivenciar experiências emocionais superiores, sem tormentos nem ansiedades.

Os instintos permanecem como parte integrante do conjunto fisiológico, expressando-se nas necessidades primárias automaticamente sem os impulsos da violência ou os ditames das paixões asselvajadas.

Em diluindo-se a *sombra*, ocorre a harmonia do eixo *ego–Self*, ao tempo em que outros arquétipos como a *anima* e o *animus*, a *persona*, proporcionam equilíbrio psicológico, qual ocorre em Jesus, que é o modelo da verdadeira individuação.

É toda uma viagem realizada pelo *Self* integrado, fulcro energético e central da personalidade.

Sendo o *Self* o desenhador de toda a trajetória da existência humana, desde o período infantil, que se manifesta nos períodos oníricos, nos quais se apresenta através de símbolos arquetípicos, é natural que haja uma grande ansiedade no paciente que deseja a integração no *Self*, a autoconsciência, podendo orientar os arquétipos perturbadores que antes geravam os conflitos e os transtornos de comportamento por falta de conhecimento da sua realidade.

Todos podem alcançar esse momento culminante da evolução psíquica mediante o esforço que realizem para interpretar os símbolos e as angústias que lhe precedem à ocorrência.

Santa Tereza d'Ávila alcançou-o mediante os momentosos êxtases que a conduziram ao estado de plenitude, de iluminação interior, assim como São Francisco de Assis, ou Michelangelo ao terminar de esculpir a estátua de Moisés, que o deslumbrou a tal ponto que exclamou, emocionado:

— *Parla*!

Era tão viva a obra que faltava apenas falar, para se tornar um ser real...

Músicos e artistas de vária procedência, cientistas e mártires, filósofos éticos e místicos conseguiram essa integração perfeita, vivenciando o estado de plenitude que os acompanhou até o momento da desencarnação.

Normalmente, um psicoterapeuta experiente pode conduzir os seus pacientes ao momento culminante da libertação dos seus transtornos quando os leva à individuação, como estágio superior e culminante da saúde integral.

Jung logrou vivenciá-la, conseguindo individuar-se por meio dos métodos psicoterapêuticos por ele próprio elaborados.

O mestre suíço elucidou igualmente que é possível conseguir-se a individuação quando se logra a assimilação das quatro funções por ele descritas como *sensação, pensamento, intuição* e *sentimento*. Nos seus estudos alquímicos comparou a meta da individuação ao que sucede com a *Opus* ou *Grande obra* que os alquimistas tentaram vivenciar.

É, portanto, um processo lento, contínuo e de elevação emocional.

Pode-se alcançá-lo também mediante a oração, os fenômenos mediúnicos e paranormais, as regressões

Psicologia da gratidão

psicológicas que conduzem à fase infantil ou mesmo uterina, assim como às existências passadas, a meditação, de forma que todos os conteúdos inconscientes geradores do medo e da ansiedade, das angústias e inquietações possam ser diluídos por intermédio do enfrentamento consciente, nada deixando de enigmático nos painéis do inconsciente que possa ressurgir de forma assustadora...

Essa conquista formosa torna o ser diferenciado, libertando-o dos clichês e das imposições sociais que sempre o escravizam, exigindo-lhe condicionamento, quando aspira por liberdade. Com essa conquista, o ser humano torna-se consciente de si mesmo, das responsabilidades que lhe dizem respeito no concerto da sociedade, encorajando-o para os ideais relevantes, embora raciocinando que novas situações difíceis surgirão, mas que poderão ser vencidas naturalmente.

A individuação pode ser também denominada, no seu início, de alguma forma como a *participation mystique*, de Lévy-Bruhl. Na etapa final, situando-se o *Self* como a *Imago Dei*, numa conquista de unidade, que não isola o indivíduo, antes, pelo contrário, favorece o seu intercâmbio com as demais pessoas que passa a ver de maneira diferenciada de quando havia o predomínio do *ego*.

É tão complexa que se pode afirmar que tem início, mas nunca termina, porque se trata da busca da perfeição, no relativo do mundo em que se encontra o ser humano.

Pode-se, durante o processo de individuação, examinar o desenvolvimento da sociedade desde os seus primórdios e a maneira consciente como vem lidando com as suas projeções e superando-as, mediante as conquistas do conhecimento cultural nos seus vários aspectos, especialmente naqueles de natureza psicológica.

A perfeita identificação dos conflitos vem facultando que sempre se aspire pela aquisição do bom e do belo, como metas da saúde e do bem-estar.

Vencendo as diferentes etapas do desenvolvimento emocional, logo surgem os primeiros *alvores* da individuação, em decorrência da superação ou conscientização dos arquétipos que geram sofrimento.

As denominadas virtudes religiosas, que eram tidas como heranças místicas, no momento da individuação adquirem sentido de realização, quais o amor, que se transforma numa conquista relevante, indispensável para uma existência harmônica; a bondade, que multiplica os bens dos sentimentos elevados; a fé no futuro, como condição de estímulo – sentido e significado psicológico – para se prosseguir nas lutas naturais do processo evolutivo; a compaixão, em forma de solidariedade e de compreensão das aflições do próximo; a gratidão, como coroa de bênçãos por tudo quanto se conseguiu e pode realizar-se.

A gratidão, filha dileta do amor sábio, enriquece a vida de beleza e de alegria porque com a sua presença tudo passa a ter significação enobrecida, ampliando os horizontes vivenciais daquele que a cultiva como recurso de promoção da vida em todos os sentidos.

Narra-se que certo dia, em Boston, nos Estados Unidos da América do Norte, um rebanho de carneiros era levado por uma das avenidas centrais da urbe. Um dos carneiros repentinamente caiu sem forças...

Uma criança muito pobre e malcuidada, observando a cena, deu-se conta que deveria ser por sede que o

Psicologia da gratidão

animalzinho perdera as resistências. Tomando do seu gorro, correu a uma bica próxima e colheu algum líquido, trazendo-o ao carneiro quase desfalecido e deu-lhe de beber.

Poucos minutos depois o animal correu e juntou-se ao grupo que seguia em frente.

Uma das pessoas que nada havia feito, num tom irônico, disse ao menino:

— Obrigado, titio!

E pôs-se a rir zombeteiramente.

Um cavalheiro que havia observado a cena disse ao irônico:

— O carneirinho pediu-me para que agradecesse por ele, escusando-se de fazê-lo. Como eu sou dono de uma casa editora, sou conhecido como Eduardo Baer, e sempre estou procurando crianças dotadas de sentimentos nobres para cuidá-las, acabo de encontrar mais uma.

A partir deste momento, você estará sob a minha responsabilidade... – disse à criança aturdida.

Mais tarde, a sociedade acompanharia a trajetória do Dr. Carlos Mors, que se fez conhecido pela inalterável bondade com que tratava todas as criaturas.

A *gratidão* do carneiro havia alcançado a sua nobre finalidade, porque jamais esmaece ou perde o seu sentido.

Poder-se-ia incluir esse fato na extensa relação daqueles de natureza mitológica, da mesma forma que Hércules combateu o mal, vencendo todos os inimigos do bem pelo imenso prazer de ser grato à vida pelo seu poder.

O carneiro, que é símbolo da mansuetude, e o menino gentil, que pode ser considerado como um arquétipo de misericórdia e compaixão, unindo-se no mesmo sentimento de ajuda recíproca, produziram o missionário do amor e da bondade.

Isso, porque a gratidão é um dos mais grandiosos momentos do desenvolvimento ético-moral do ser humano e está ínsita na individuação, quando tudo adquire beleza e significado.

A gratidão é, portanto, um momento de individuação, quando o ser humano recorda o passado com alegria, considerando os trechos do caminho mais difíceis que foram vencidos, alegrando-se com o presente e encarando o futuro sem nenhum receio, porque os arquétipos responsáveis pelas aflições foram diluídos na consciência, não restando vestígios da sua existência.

O *ego*, que os mantinha em ação, alargou a sua percepção psicológica da vida e tornou-se parte vibrante do *Self*, que ama sem distinção nem interesse de retribuição e é grato a Deus por existir, ao Cosmo por viver nele, à mãe-Terra por ser o seu habitat, a todas as cores e vibrações da Natureza, que lhe facultam contemplação e emotividade especial, aos sons maravilhosos que o fazem vibrar, ao oxigênio que o nutre e à psique responsável pelo seu pensamento e pela faculdade de discernir que a consciência alcançou.

Quando o ser humano se der conta de que necessita abandonar as faixas menos harmônicas por onde transita, aspirará pela conquista da individuação, exercitando-se na sublime arte do amor a Deus, ao próximo e, certamente, a si mesmo, abandonando o egotismo e vivenciando o altruísmo como forma segura de realização plena, no rumo da gratidão...

A gratidão abrange, num afetuoso abraço, os sentimentos que dignificam os seres humanos e os tornam merecedores de felicidade, quando estarão instalando no íntimo o decantado *Reino dos Céus*, conforme proposto por Jesus, o maior psicoterapeuta da Humanidade.

*A gratidão abrange os sentimentos
que dignificam os seres humanos e
os tornam merecedores de felicidade,
quando estarão instalando no
íntimo o decantado Reino dos Céus,
conforme proposto por Jesus, o maior
psicoterapeuta da Humanidade.*

Este livro foi impresso na
LIS GRÁFICA E EDITORA LTDA.
Rua Felício Antônio Alves, 370 – Bonsucesso
CEP 07175-450 – Guarulhos – SP
Fone: (11) 3382-0777 – Fax: (11) 3382-0778
lisgrafica@lisgrafica.com.br – www.lisgrafica.com.br